Dionysius Areopagita

Mystische Theologie

DIONYSIUS AREOPAGITA

MYSTISCHE THEOLOGIE

mit einem Auszug aus der

Theologie des Proklos

Crotona

ISBN 978-3-86191-089-3

1. Auflage 2017
(Überarbeiteter Nachdruck der Ausgabe München 1956,
mit freundlicher Genehmigung des O.W. Barth Verlages)

Kammer 11 • D-83123 Amerang
www.crotona.de
Übersetzung: Prof. Dr. Walther Tritsch

Umschlaggestaltung: Annette Wagner

Druck: CPI • Birkach

EINLEITUNG

Aus den in diesem zweiten Band vereinigten Schriften blickt uns der Verfasser des »Corpus Areopagiticum« – wie das Lebenswerk des Dionysius oft genannt wird – mit völlig anderen Augen an als aus dem unserer ersten Veröffentlichung[1]. Galt es ihm in den »Hierarchien« das Priestertum als feste Brücke zu begründen, die für Mensch und Mönch den einzigen Zugang zu Sakrament und Erleuchtung und zur »Engelwelt Gottes« bietet, so zeigt er jetzt in der Mystischen Theologie auch die geheimnisvolle Brücke auf, die jede Seele auf ihrer einsamen Pilgerschaft zur Unendlichkeit des Schöpfers führt.

Der unbekannte Priester (und Kirchenfürst), der um die Wende des fünften zum sechsten christlichen Jahrhundert diese Werke schrieb, wurde dadurch zum Begründer der christlichen Mystik, aber auch zum Erneuerer jener geheimnisvollen Lehren von der absoluten Unendlichkeit Gottes, die schon Anaximander und Parmenides ein Jahrtausend vor ihm zu ergründen versucht hatten und die dann nach ihm erst Scotus Eriugena wieder aufzunehmen wagte. Scotus kam darum in den Geruch der Ketzerei, obwohl einst Maximus Confessor schon auf dem Lateran-Konzil im Jahre 649 die Rechtgläubigkeit der von Dionysius entwickelten Auffassung vertreten und zur Anerkennung gebracht hatte! Trotzdem, auch die deutschen Herausgeber von 1933 haben es nicht gewagt – oder es zumindest nicht für gut befunden –, das Werk, das die tiefsten Leitgedanken des Pseudo-Areopagiten enthält, zu übersetzen und die Mystische Theologie mit den anderen Büchern des Dionysius zu veröffentlichen.

Und doch ist sie das Kernstück der Lehre des Dionysius Areopagita; denn ohne diese absolute Unendlichkeit und Unkennbarkeit Gottes verstünde er nicht das fleischgewordene Wort und nicht die Heilige Dreifaltigkeit so, wie nur er sie versteht, nicht die Hierarchie der Engel, der Begriffe und der Kirche, und auch nicht die Namen Gottes.

Die Magie der Namen gehört zu den verschollenen Verstehensformen einer früheren Menschheit.

Viele Jahrtausende bevor Platon seinen Glauben dahin formulierte, dass hinter jedem Ding oder Wesen die Idee gesucht werden müsse, die ein Ding oder Wesen erst formt oder verständlich oder überhaupt erst möglich macht, lehrten schon die Zauberer sehr vieler Völker der Erde, mindestens seit dem Ende der Altsteinzeit, dass die Erschaffung jedes Dinges mit seinem Namen gesetzt sei, und darum jeder, der den wahren Namen eines Wesens oder einer Erscheinung kenne, auch über dieses Wesen und über diese Erscheinung eine gewisse mehr oder minder entscheidende Gewalt besitze.

Zauberformeln, Beschwörungen, Gebete haben hier ihren Ursprung. Jagd- und Kriegszauber der Altsteinzeit und noch viel mehr der Züchtungszauber der mittleren Steinzeit sind von diesem Glauben ganz überschattet.

Die Schöpfungslegenden Alt-Sumers, die Ausdrucksweise der Genesis – »Und Gott SPRACH, es werde …« – ja auch noch das Evangelium Johannis – »Im Anfang war das Wort«

– (also die Gleichsetzung des Erlösers mit dem Weltschaffenden Logos), all dies spiegelt deutlich die damals noch höchst lebendigen Reste solcher uralten Anschauungs- und Erlebnisweisen. So sehr, dass auch Gottes Offenbarungen sich gütig – wie Dionysius sagen würde – den Verstehensmöglichkeiten und der Ausdrucksweise der damaligen Menschheit anpassten, sich ihnen stellten: »Gott sprach zu Moses und nannte ihm seinen Namen.«[2]

Wie stark diese magische Anschauungsweise dann tatsächlich noch in unserem christlichen zehnten, elften, zwölften und dreizehnten Jahrhundert nachgewirkt hat, das wurde erst kürzlich durch Abbé Chaume nachgewiesen, im ersten Band seines groß angelegten Werkes über Altburgund,[3] darin er die sittlichen, politischen, sozialen und vor allem die kirchlichen Folgen des Namenszaubers in der christlichen Gesellschaft Burgunds und Aquitaniens aufzeigt, von der Zeit des aussterbenden altburgundischen Adels bis zu Beginn des karolingischen und wieder vom Aussterben dieses karolingischen Adels bis tief in den Beginn der neueren Feudalzeit. Tatsächlich sind es in jenen Jahrhunderten nicht nur die Bande der Abstammung und der Verwandtschaft, welche über die Unanfechtbarkeit einer Erbfolge entschieden, sondern mehr noch die NAMEN der Erben: Wer den Namen des Erblassers trug, konnte das Erbe fordern, wurde als eine Art Reinkarnation von dessen Eigenschaften betrachtet, wenn nicht sogar von dessen Persönlichkeit – er war sein von Gott selbst bestimmter Nachfolger.

Das konnte so weit führen, dass der Sohn der berühmten Agnes von Aquitanien – derselben Agnes, die dann Mutter der Kaiserin Agnes wurde, der großen Reichsregentin – seinen Vornamen dreimal hat wechseln müssen. Da seine Mutter, als Spross Ottwilhelms von Burgund, des von Otto d. Gr. verdrängten Erben von Ivrea, Spoleto, der Lombardischen Krone und von Burgund, für den Sohn aus der aquitanischen Ehe wenigstens die Erbschaft der guyennischen Herzogslehen erhoffte, musste dieser Sohn natürlich Guy heißen. Als aber Agnes in zweiter Ehe den Erben von Anjou heiratete, wurde Guy von diesem adoptiert und hieß jetzt mit Vornamen Geoffroy; und zuletzt fiel ihm nach dem Tod seiner drei Halbbrüder aus den früheren Ehen seines Vaters dennoch die Grafschaft von Poitiers und die Herrschaft über das Herzogtum Aquitanien zu – da hieß er dann selbstverständlich Guillaume. Also derselbe Mann wurde erst Veit, dann Gottfried, zuletzt Wilhelm genannt; denn nach dem Glauben, der in jener Zeit immer noch lebendig war, erwirkte der Name auch die Entwicklung oder die Wiederkehr oder die Bewährung gewisser Eigenschaften: Er offenbarte deren Existenz in ihrem Träger – oder bewirkte deren Reinkarnation.

Sollten die »Namen Gottes« in ähnlicher Weise über göttliche Eigenschaften Aufschluss geben? Jedenfalls nicht so, als ob diese göttlichen Eigenschaften wie in den alten Zauberformeln und Zauberriten durch Benennung vonseiten des Menschen erzwungen oder beeinflusst oder gar hergestellt würden. Es galt ja, im Gegenteil, das Christentum von magischen Praktiken zu reinigen! Von »heidnischen« Praktiken. Aber Gott hatte in Seiner unendlichen Güte Seine Offenbarungen in die Sprache jener Menschen gekleidet und durch die Heilige Schrift waren Seine Namen – *und damit auch Seine Eigenschaften* – überliefert. Diese galt es zu erkennen und zu klären, »soweit solches den Menschen ziemt«.

Nach Philon sind die Gottesnamen aber »Spiegel«, und nach Proklos sind sie »Plastische Bilder der Götter«. Auch

Dionysius spricht in seinen Schriften von »Agalmata« der Gottesnamen, was schon von Maximus und von Pachymeros mit antiken Hausgötterstatuen und den Simulacra von Fetischen verglichen wurde, nämlich mit jenen Silenen, deren Statuetten man erst öffnen musste, um den darin verborgenen geheimen Gott zu finden.

Das Verbum *agallesthai* heißt aber auch rühmen, lobpreisen, zur Freude aller hoch hinstellen und weithin sichtbar machen, wie Cordier vermerkt, und *Agalma* wird in Kap. II der Mystischen Theologie (M 1025 B) mit der durch Bildhauerkunst ins Sichtbare erhobenen Wesensgestalt verglichen, durch die wir »würdig und wahr das Unerschaffene Licht feiern, das alles erschaffend allein stets im Unerschaffenen verbleibt«.

Der höchste aller Gottesnamen war für Dionysius – über das Gute und sogar über das Wesenschaffende und Daseingebende hinaus – das ewig Unendliche in Raum und Zeit und Geltung, und das heißt (wie schon die durch persische und indische Begegnungen in Kleinasien befruchtete griechische Philosophie frühzeitig erkannt hatte): Die Sprengung jeder Eigenschaftsgrenze überhaupt.

Damit eng verbunden war dann die Entdeckung, dass jede Eigenschaft und jede Wesenheit an sich schon ein Herausfallen aus dem Unendlichen ist (denn absolute Fülle kann keine besonderen Eigenschaften vor anderen auch möglichen Eigenschaften haben oder auch nur auszeichnen – oder wie Anaximander es gesagt hat, »jedes So-Sein muss durch seine unvermeidliche Vergänglichkeit Buße entrichten, für seinen Abfall vom ungeschiedenen Unendlich-Sein). Deshalb kann man auch nichts über das Unendliche aussagen außer eben vielleicht diesem, dass es überhaupt nichts Seiendes sei, dass es vor jedem Seienden sei, dass es identisch sein müsse mit dem schöpferischen Nichts-Nichtsein oder mit dem Ur-Nichts-und-Alles schlechthin.

Im indischen Allnichts und im Parmenideischen Überhaupt findet sich diese Lehre zwar vorgebildet, aber zur Passivität erstarrt. Der Erste, der sie ins Aktive zurückverwandelte, war (wie jüngst Werner Jaeger gezeigt hat[4]) Gregor von Nyssa: Er erfasste zuerst in Gott das Unendliche, Unerreichbare, dem sich der Mensch in unendlicher Bewegung immer weiter annähern könne und solle, ohne Ihn doch jemals erreichen zu können …

Oder vielmehr, korrigierte hier unser Dionysius: Allein durch Christus – ganz Gott und ganz Mensch zugleich, einzige Gestalt, die jedes Unendliche ganz im Endlichen aufscheinen ließ – könne der Mensch so viel vom Göttlichen fassen, als seiner Seele gemäß sei, und genau so weit, als ihm dies durch Gnade gewährt werde. Wobei jedoch Dionysius jene magisch-östliche Auffassung des Göttlichen ablehnte, welche zuletzt eine ganze Kaskade von Dogmen nötig macht, und auch das mystische Überspringen aller hierarchischen Ordnung ablehnte, wonach eine Seele, ohne hierarchisch berufen zu sein, aus ihrer Ordnung heraustretend unmittelbar zu Gott sollte kommen oder sich Ihm sollte nähern können. Dionysius hielt demgegenüber an der Erkenntnis des Alten Testamentes fest, dass Gott der Allschöpfer nichts Magisches sein kann und Seine Vorsehung nicht in einem allmächtig korrigierenden Eingriff durch Wunder beruhen könne, weil sonst Gott und Allmacht und Vorsehung dadurch sich selbst in ihren Werken aufhöben. Wohl aber mag den endlichen Menschen die Unendlichkeit Gottes und Seiner Allmacht nur in Teil-Erscheinungen sinnfällig werden, und solche

Teil-Erlebnisse des Ganzen – in ihrem rätselhaften Zueinanderhingeordnetsein – nennt der endliche Mensch in seiner Beschränkung dann: Wunder.

Dieser hohe Allmachts- und Freiheitsbegriff Gregors von Nyssa und unseres Dionysius hat dann im westlichen Christentum (und in der östlichen aktiven Mystik) weitergelebt bis zu den Zeiten Anselms von Canterbury und des heiligen Franziskus, in denen sich jene hohe Auffassung noch einmal großartig verkörperte.

Erst der Universalienstreit zerstörte diese Allmachtsidee von Grund auf, erst durch ihn ging diese schönste und größte menschliche Haltung dem christlichen Bewusstsein verloren und zerfiel zuletzt von Neuem in die beiden Elemente des Glaubens aus den Zeiten vor Christus, vor Moses, vor Abraham: Magie und Ratio. Zaubern und Rechnen. Woraus sich immer wieder die falsche Alternative ergab: Allmacht des Wunders oder Allmacht des Denkens.

Und zuletzt die noch schlimmere Alternative unseres vergangenen neunzehnten Jahrhunderts: *Sacrificium Intellectus* oder *Sacrificium Fidei.*

Das ist es, genau das, wovor die Lehre des unbekannten Dionysius, den man den Areopagiten nannte, die gesamte Christenheit hatte bewahren wollen.

Wie Dionysius über die Frage der Ratio und des Wunders, der Allmacht und der Willensfreiheit, der Vorsehung und der Gnade dachte, hat er in seinen Hirtenbriefen und in seinen Erklärungen zum Totengebet genau ausgeführt. Er wusste noch, dass diese Schöpfung die schönste und beste unter allen möglichen Schöpfungen ist, weil Gott sie so gewollt hat und weil Gott nur das Beste wollen kann – und wenn es das Gesetz dieser Schöpfung zu sein scheint, dass es Myriaden von Samen braucht, um daraus ein paar Geschöpfe aufsprießen zu lassen, und Myriaden von Geschöpfen, damit eines darunter voll erblühe, und Myriaden solcher Blüten um einiger weniger Früchte willen, so wusste Dionysius noch, dies, genau dies ist der Preis unserer Willensfreiheit und Verantwortung, und ein Wunder zu erbetteln, um solchen Preis ersparen zu können, hieße, unsere Willensfreiheit preiszugeben, und das kann die Allmacht nicht wollen.

Dionysius meinte, zur Willensfreiheit gehöre es, dass unsere Opfer manchmal vergeblich sein können, »zumal unser freier Wille auch Irrtümern unterworfen bleibt – so wie dies allen Wesen entspricht, die über sich selbst sollen bestimmen dürfen«. (M III. 733 B).

Dadurch kam das Leiden in die Welt? Deswegen ist ja Christus unter den Menschen sichtbar geworden, als Mensch und als Gott, und hat ihren Leiden einen neuen Sinn verliehen.

So wirkt alles in den Lehren des Dionysius zusammen, um Christus als die einzige mögliche Brücke zwischen Schöpfer und Schöpfung, zwischen Gott und Mensch, zwischen Unendlichem Bewirken und endlichem Bedeuten immer wieder aufzuzeigen, aber nicht durch Wunder-Lehren und auch nicht so, dass das Neue Testament zu den Grundlagen des Alten in Widerspruch geraten könnte. Weil der Einig-Einzige Gott unendlich ist und dem Menschen unfassbar bleibt und jede endliche Vorstellung von Ihm irrig und unstatthaft wäre – genau wie es im »alten Gesetz« zu lesen steht – darum ist das Wort Fleisch geworden und hat sich freiwillig dem Endlichen gestellt.

Einsicht, Erkenntnis, Geist – die seit dem Universalienstreit immer mehr aus dem religiösen Bereich heraustretenden

Elemente der Ratio – bleiben bei Dionysius stets stufenweise Emanationen, Ausstrahlungen (oder wie Stiglmayr übersetzte, »Lichtergießungen«) der für uns unsichtbaren unendlichen Urlichtquelle. Erst die Nominalisten begannen, die menschliche Vernunft fast wie eine separate Schöpfung zu betrachten, als ob deren Gesetze vor jeder anderen Weltschöpfung von Gott als eine Art Weltmaßstab gestiftet worden wären – eine Vorstellung, die wohl den unheiligen Abälard befriedigt, dafür aber noch den Heiligen Anselm mit Grausen erfüllt hätte. Bei Dionysius kommt man zur menschlichen Vernunft und zu verstehbaren Begriffen nur durch die neun Ordnungen der Verdichtung und Verendlichung hindurch, und nur über die Engel zuletzt auch in den irdischen endlichen Schöpfungsbereich – nur so wird das vom unendlichen Gott stammende Licht im Endlichen sichtbar.

Es ist von Theologen darauf hingewiesen worden, dass ein gewisser Widerspruch zwischen diesem System unendlicher göttlicher Ausstrahlung und der Notwendigkeit der Inkarnation im Endlichen vielleicht entstehen könnte – also zwischen unwillkürlicher stetiger Schöpfung und einmaliger freier Erlösung aus Gnade und Liebe – so als ob eines das andere aufhöbe. Hätte Dionysius im Ernst das neuplatonische Denksystem übernommen, dann könnte ihn tatsächlich der Vorwurf eines solchen Widerspruchs treffen. Aber in Wirklichkeit – wie z. B. ein Vergleich mit dem hier angefügten Text aus der Theologie des Proklos sofort deutlich macht – hat Dionysius keineswegs den Geist, sondern nur Ausdrücke, Bilder, Vergleiche aus diesem System übernommen, um sie ins Christliche zu übertragen, und hat die »Lichtausstrahlung« Gottes eben nicht wie ein fixes System des Sternhimmels mit aristotelischem »ersten Beweger« und ein für allemal vorgegebener idealer Finalität verstanden, im Geist dieser griechischen Vorlage, des »Liber de Causis«, wie es später hieß, sondern wie einen Ruf der Liebe an alle Geschöpfe, deren unendlichem Streben aus der Endlichkeit hin zu Gott dann der Erlöser als das fleischgewordene Wort zu Hilfe kommt, als die dem Endlichen sich stellende Unendlichkeit. Nein, hier ist kein Widerspruch, und hier klafft keine Lücke. In diesem Kosmos ist »der Mittelpunkt überall und die Grenze nirgends, d. h. jeder Punkt und jede Seele gleich weit von jedem Ende entfernt«[5], sind Freiheit und Sinn und Mühe immer möglich, also auch Fortschreiten und Näherkommen an Gott stets möglich – und Gott selbst bleibt doch stets unerreichbar.

Dass das Unendliche nie vom stets endlichen Diesseits berührt, nie erreicht, nie gesehen werden kann und die Ewigkeit keineswegs eine ungeheure Summe von Zeiten sei, sondern überhaupt außerhalb jeder Zeit bleibt – das ist nicht eine Entdeckung des Dionysius. Aber keiner hat vor ihm diese Unterscheidung von Immanenz und Transzendenz mit solcher Klarheit benützt, um Sinn und Ziel der Menschwerdung Christi als die einzig mögliche Brücke zwischen Diesseits und Jenseits und zwischen einmal und überhaupt zu deuten.

Gregor von Nyssa hatte daraus eine Mystik begründet. Die Gnostiker verdichteten diese Mystik zu einer Magie, und andere Theologen gewannen daraus eine dogmatische Allmachtslehre, deren Aporien den christlichen Glauben lange Zeit überschatteten. Da Gott die Güte selbst ist und nur das Gute wollen kann, und da Gott allmächtig ist – wenn für Ihn alles Beliebige auszuführen oder vielmehr alles Ihm Beliebige zu verwirklichen tatsächlich nur ein Spiel wäre – könnte

Er dann unsere Menschenwelt so lassen, wie sie ist? Diese abwegige Allmachtsidee hat bekanntlich zu den großen Häresien des Mittelalters geführt, mit ihren der Gnosis abgelauschten Lehren von der positiven Macht des Übels. Um solche Irrwege auszuschließen, die schon zu seiner Zeit bedrohlich geworden waren, hat Dionysius keine Mühe gescheut. Darum übernahm er auch im vierten Kapitel der Namen Gottes, in den erstaunlichen Abschnitten 18-35, wesentliche Teile aus der Abhandlung des Proklos über die negative Natur des Übels in der Welt, das er als bloße Ausfallserscheinung und nicht als Wesen erklärt, als Mangel, als notwendiges Korrelat der Freiheit, als Ausdruck der Allmacht, die das Beste wollend nicht ein Uhrenwerk ohne Wert wollen kann, darin jedes Bemühen vollen Erfolg fände und mechanisch seines vollen Lohnes von vornherein sicher wäre. So hat Dionysius auch diesen Gedanken ins Christliche umgedeutet.

Wenn Gregor von Nyssa der Vater der christlichen Mystik genannt wird, wegen der Deutung, die er dem göttlichen Fortschreiten aus dem Unendlichen bis ins Endliche gegeben hat, und dem menschlichen unendlichen Streben zu Gott hin (besonders in seinem »Leben Mosis«), so ist Dionysius der Vater der christlichen Mystik in einem anderen, vielleicht noch entscheidenderen Sinn: Für ihn ist jede Theologie »mystisch«, insofern sie nicht nur eine Wissenschaft vom göttlichen Wirken ist, aus Gottes Werken erschlossen, sondern mehr noch ein Wissen von Offenbarungen Gottes, durch Gottes Gnade den von ihm Erleuchteten geheimnisvoll anvertraut. Dieser dionysische Begriff des mystischen Wissens ist es, der den späteren Mystikern des christlichen Abendlandes als Urbild immer wieder vorschwebte.

Wieder hat der erstaunliche Dionysius auch hier alle Gefahren vorausgeahnt, wie zum Beispiel die der persönlichen mystischen Versenkung unmittelbar in die Unendlichkeit Gottes, nur um eigenes Seelenheil besorgt und ohne Verantwortung für andere Menschen. Dieser Haltung gewisser Mönche und Einsiedler seiner Zeit ist er aufs Schärfste entgegengetreten, gegen sie hat er seinen berühmten achten Hirtenbrief an Demophilos geschrieben, gegen sie seine Hierarchie der Kirche gesetzt. Nein, eine subjektivistische Mystik predigte Dionysius nicht und duldete eine solche auch nicht.

Die Gottesanschauung der großen christlichen Mystiker des Westens – seit den frommen Mönchen in Irland, im Karolingerreich, in Italien, Deutschland, Frankreich und Spanien – scheint der Gnosis ferner gerückt, hat auch nicht mehr gegen sie zu kämpfen. Die religiöse Erfahrung dieser abendländischen Christen ist ihnen unmittelbar gegeben, sie ist ganz von der Allgegenwart des Gekreuzigten, des Leidensweges, der Nachfolge, der Erlösung und der Liebe bestimmt. Nicht auch ihre Denkform. Diese ist noch immer von einem magischen Idealismus beeinflusst, dessen Wurzeln bis in die vorchristliche Zeit zurückreichen. Sie knüpfen viel eher an Plotins unmittelbare »Theoria« an – wo ebenfalls der »oberste Teil der von allem Tun und Können und Wissen gereinigten Seelen allein und direkt mit Gott vereinigt wird« – als an die Theorie des Dionysius, der stets völlig unmagisch die göttlichen Ordnungen, Sakramente, Parabeln, Offenbarungen im Sinne der »unähnlichen Ähnlichkeiten« symbolisch zu deuten sucht, denn erst in jenem schöpferischen Alldunkel und Vorlicht, bis zu welchem allein Moses habe vordringen können, ist für Dionysius alles Verstehen und Verstehbare und alles Wissen und Wissbare überwunden, »und Ja und Nein reichen dort nicht mehr hin«.[6]

Inkarnation und Erlösung scheinen bei Dionysius weniger an die »juristischen« Ideen vom Loskauf der Menschheit gebunden als an eine mystische Absicht Gottes, uns durch die Liebe zu Sich zu führen: »Die von Gott wissen, preisen Ihn auch im Namen der Erlösung, weil Er nicht will, dass irgendein von Ihm mit Vernunft begabtes Wesen sich an das Nichts verliere«[7] ... aber auch den höchsten Ordnungen des Himmels selbst sei von Jesus nur bekannt geworden, dass Er aus Liebe zu uns herabgestiegen sei, um uns zu heiligen.[8]

Eine Welt mit menschlicher Willensfreiheit und Würde und Verantwortung ist ohne Sünde nicht denkbar, ist ohne Übel nicht denkbar, aber auch nicht ohne Erlöser. Durch den Gegensatz zwischen der Unendlichkeit Gottes und der Endlichkeit der Menschenwelt ist dies vorgegeben: Unsere Vorstellungen von göttlicher Allmacht haben sich danach zu richten.[9]

Deutlich ist auch hier wieder die Abwendung des Dionysius von jenen magischen oder gnostischen Systemen seiner Zeit, wonach die Erlösung ein für allemal erlangt werden konnte und die Erinnerung an den vorausgegangenen Sturz dann nur noch als böser Traum wirkte – andererseits auch seine Abwendung von den manichäischen Verkrampfungen, da ja das Übel für Dionysius nichts Ewiges war, nichts, was von einem »Gegengott« käme, es folgte nur aus dem Wesen der Freiheit und der Verantwortlichkeit des Menschen selbst, aus seiner Nicht-Unendlichkeit, und hing mit dem ewigen Fortschreitenkönnen der Seelen auf dem Wege zum unendlich Guten zusammen. In der Vision des Carpos[10] steigt Jesus von seinem Thron herab, um den Strauchelnden zu helfen, und sagt zu dem, der nicht hatte verzeihen wollen: »Erhebe deine Hand und schlage mich, denn ich bin bereit, wiederum für die Rettung der Menschheit zu leiden. Und solches tue ich gern, wenn ich dadurch verhindere, dass andere Menschen sündigen.«

Es gibt noch eine andere christliche Entscheidung von sehr großer Tragweite, die ebenfalls auf Dionysius zurückgeht.

Die von den Völkern der Antike verehrten Götter waren ihnen allen immer wieder unter der Hand zu Nationalgöttern geworden, einerlei ob sie so allumfassende Namen führten wie Enlil-Ti in Sumer (der Gott, »der das Leben macht«[11]) oder Echnaton in Heliopolis oder Ouranos, Chronos, Zeus, Jupiter oder Wotan. Auch der Einig-Einzig-Ewige, der Allschöpfergott, wurde ja im jüdischen Ritual zuletzt als Gott eines Volkes verehrt; und auch Allah sollte diesem Schicksal nicht entgehen, denn seine alles bis ins Kleinste regelnde Vorsehung funktioniert auch nur für Rechtgläubige des Koran.

Mit dieser altererbten menschlichen, allzu menschlichen Beschränkung, der sich sonst eigentlich nur die geistigen Eliten im fernsten Indien entzogen, hatte die Botschaft Christi gebrochen. Als Messias und Erlöser eines Volkes begrüßt und verehrt, hatte Er diese Verehrung stets dem Vater und Schöpfer der ganzen Welt und der ganzen Menschheit zugewandt, und um den Preis Seines Kreuzestodes die Erlösung eines Volkes in eine Erlösung aller Menschen durch sein Opfer verwandelt – nicht durch stellvertretende Sühne, sondern durch dargelebte Liebe. Auch diese Seite der menschlichen Erbsünde und der Erlösung von der Erbsünde durch Christus wird von den heutigen Christen nicht mehr übersehen – die Befreiung vom religiösen Nationalismus. Die Befreiung von den »Erdengöttern«. Oder von den Herdengöttern.

Der unbekannte Mann, dessen Schriften im sechsten christlichen Jahrhundert unter dem Namen Dionysius Areopagita gelesen worden sind, sah zu seiner Lebenszeit – dem Ende des fünften Jahrhunderts – auch diese Erlösung der christlichen Menschheit von religiösen Nationalismen aufs Neue wieder gefährdet; denn die wilden Dogmenstreitigkeiten, Ritenstreitigkeiten, Deutungskontroversen und Sektenbildungen entsprangen keiner anderen Quelle. Wieder taten die Menschen nichts anderes als nationale Denkgewohnheiten und nationale Sittenverschiedenheiten nicht etwa nur zu Wesensgesetzen ihrer Gottesverehrung umdeuten zu wollen, sondern auch zu Wesensgesetzen Gottes selbst. Auch diese Gefahr des Rückfalles in die Erbsünde des religiösen Nationalismus – von welchem uns zu erlösen das Wort Fleisch geworden war – hat der erstaunliche Dionysius vielleicht klarer erkannt als alle seiner Zeitgenossen. Er hat ihr jedenfalls durch seine Schriften in einer Weise entgegengewirkt, die der Christenheit neue Rückfälle in religiösen Nationalismus fortan immer wieder erschwert und kurzlebig gemacht, wenn auch nicht ganz erspart hat.

Auch in diesem Sinn sollte die Hierarchie, sollten die Namen Gottes, sollte vor allem die Mystische Theologie verstanden werden: Die Völker mögen vielleicht eigene Engel haben, dann ist es das Amt dieser Engel, den Völkern den Willen Gottes in ihrer besonderen Sprache zu verkünden. Aber der Wille Gottes hat keine besondere Sprache für besondere Völker, denn er richtet sich an die von Ihm geschaffene Gesamthierarchie der Welt und umfasst stets die Gesamtheit der Schöpfung.

So ist Dionysius nicht nur der »Eireniker«, der zwischen Monophysiten und Orthodoxen den Frieden vermitteln und die christliche Lehre unangreifbar machen will, ohne sich je auf Wunder zu berufen, denn Wunder lokalisieren den Glauben irgendwo, verendlichen ihn, machen ihn immanent, machen ihn zuletzt national. Dionysius ist auch der Vorkämpfer eines Christentums, das nicht geringer als jenes der Apostel und viel stärker als jenes seiner eigenen Zeitgenossen die weltoffene und vermöge einer neuen transzendenten Deutung wahrhaft die Menschheit umfassende Erlösungsreligion geworden ist.

Aber wenn Dionysius von Deutung der Symbole spricht, von unähnlichen Ähnlichkeiten und von geheimem, heiligem Wissen, welches durch Ja und Nein nicht mehr berührt werden könne, so meint er dies natürlich nicht (muss dies hier eigens gesagt werden?) in jenem modernen verpflichtungslosen Sinn von Symbolik, von »bloßer« Symbolik, den die Kirche streng abzuwehren allen Grund hat. Sprechen wir es hier also vorsichtshalber so deutlich aus, dass es von den heutigen, allzu Heutigen, niemals missverstanden werden könne:

Moderne Symbolik benützt oft (auch nicht immer!) das Jenseits als Gleichnis für ein Diesseits. Das würde Dionysius als Gotteslästerung empfinden; denn er versteht jedes Diesseits immer nur als Gleichnis für die einzige Wirklichkeit des Jenseits. Ob in diesem endlichen Diesseits Wunder stattfinden oder nicht, kann ihn kaum mehr berühren: Seine Wirklichkeit beginnt erst in jenen Höhen, bis zu denen kein Ja und kein Nein mehr hinanreichen kann.

Weder für Griechen und Römer noch für Asiaten bestand die geringste Schwierigkeit, bei Annahme des Christentums an Wunder und Auferstehung zu glauben, an Christi Gottessohn-Botschaft und an drei göttliche Personen in einer unauflöslichen Einheit zu glauben, oder an eine Versammlung der Heiligen in Engelsgefilden. Allein der Fortbestand des nährenden Mutterbodens, aus welchem das Christentum entstanden war, stellte immer neue unlösliche Aufgaben – die Lehre des Alten Testamentes.

Wenn es doch – sowohl durch Offenbarung als auch aus Denknotwendigkeit – nur einen einig-einzig-ewigen unerschaffenen Schöpfer des gesamten Alls gibt, geben kann, geben muss, und wenn außer den Seinen überhaupt keine anderen Einwirkungen in die Schöpfung denkbar sind, und das heißt, keine wie immer gearteten anderen Götter neben ihm und keine wie immer gearteten magischen Eingriffe, Einrichtungen, Praktiken, wie sie seit den Zeiten magischer Menschenopfer bei vielen Völkern der Erde einst als Erstlingsopfer geübt worden waren – magische Herstellungsriten, Zauberriten, Bewirkungsriten (also Gott-Zwang) – wie sollte dann an die Gottessohnschaft und Auferstehung dieses Heilandes gerade wegen der magischen Heilungen und Wunder geglaubt werden, die er im Leben vollbracht hatte? Wunder ähnlicher Art, wie die, welche man gerade in jener Zeit so beharrlich von allen magischen Kult-Idolen aller Völker zu erzählen liebte. Man sollte ihn anbeten, gerade wegen der von ihm berichteten magischen Wirkungen und Wundertaten, und nicht wegen der geistigen Gottmenschlichen Haltung, die er im Leben und Sterben bewiesen hatte? Etwa nach der in Asien allgemein üblichen Art ihm schmeicheln, ihn mit Zeichen der Unterwerfung überschütten, um für sich dann ebenfalls ein wenig von seiner magischen Zauberhilfe als Lohn oder Gnade zu erhoffen? Ein Jenseits erhoffen, das nicht unserem irdischen Los einen himmlischen Sinn setzt, sondern die himmlische Gerechtigkeit und Liebe zu Lohn und Strafe und Ausgleich für irdisches Tun degradiert?

Die Verteidiger des Christentums hatten schon immer gegen solche Rückfälle in die grobsinnliche Magie der heidnischen Vergangenheit angekämpft, aber immer wieder mussten neue Einbrüche magischen Aberglaubens aus dem Osten abgewehrt werden, was doppelt schwierig war, da auch gegen den nördlichen und westlichen Rationalismus der »überlieferungsgemäß für Metaphysik besonders unbegabten« Völker[12] ein steter Zweifrontenkrieg geführt werden musste. Oder vielmehr ein Dreifrontenkrieg, wenn man die stille Abwehr bedachte, der die Christen bei den Verteidigern des Alten Testamentes begegneten.

Unter den Bewahrern des gefährdeten Christentums vor östlicher Magie einerseits, vor westlichem Rationalismus andererseits, nimmt der Verfasser der areopagitischen Schriften eine Sonderstellung ein. Was durch die heiligen Kirchenväter der ersten großen christlichen Jahrhunderte vorbereitet worden war, vertiefte, begründete, klärte, ordnete er zu einem großartigen System, dessen theologische Autorität viele Jahrhunderte lang unmittelbar hinter der heiligen Schrift zitiert wurde; denn er gründete diesen Glauben nicht auf Wunder, sondern auf die Ordnung des Alls und auf die sinnsetzende Absicht des Schöpfers – eine Haltung, gleich weit entfernt von östlicher Magie, westlicher Pragmatik und alttestamentarischer Selbstgerechtigkeit. Innerhalb dieses Systems bildet die Lehre von der heiligen Trias nicht mehr die Schwierigkeit, sondern die Kernzelle. Es handelt sich nicht, wie so viele Wunderliebhaber unter den Christen haben glauben wollen, um eine besondere Mystik der heiligen Dreifaltigkeit, noch auch, wie so viele christliche Liebhaber der Ratio gemeint haben, um eine neuplatonisch-philosophische Rationalisierung der heiligen Dreifaltigkeit. Es handelte sich darum, die

Heilsbotschaft des christlichen Glaubens als die notwendige Ordnung der Welt und zugleich als freien Gnadenakt der Liebe zu begreifen und die Tatsache der berichteten Wunder mit der Tatsache der vom Heiland selbst berichteten Geringschätzung der Wunder zu vereinen.

Dionysius hat diese Aufgabe dadurch gelöst, dass er auf die Unendlichkeit Gottes hinwies, die dem endlichen Menschen unfassbar bliebe ohne göttliche Epiphanie, ohne die erst durch den Heiland zur Sichtbarkeit gebrachte Trias und ohne die Möglichkeit, dass das endliche Menschendasein für den Christen dennoch einen unendlichen Sinn erhalte.

Für Materialisten und für Magier bestand das Problem nicht und für den Alten Bund blieb es unlösbar. Wundergläubige Christen lösten es mit immer neuen Wundern und Belohnungshoffnungen – die tiefere Frömmigkeit des Verfassers der areopagitischen Schriften wählte den reineren, schwereren, christlicheren Weg.

Für die vorliegende Übersetzung gilt das schon zum ersten Band gesagte: Es ist eine Übertragung in deutsche Ausdrucksweise angestrebt – nicht eine griechische Ausdrucksweise mit griechischer Syntax in deutschen Worten.

Ein Hinweis auf den Gebrauch und Sinn von Wortwiederholungen bei Dionysius dürfte hier noch nötig sein.

»... und sie preisen in preiswürdiger Weise durch wahrhaft preisenden Preisgesang das zu Preisende, dessen Preis in keinem Preismaß preiswürdig genug gepriesen werden kann.«[13]

Für die Gläubigen ist eine solche Redeweise der Inbegriff einer hieratischen Versenkung in Gott, ein Mittel der Sammlung, ein Kompositionsprinzip für Litaneien, eine Form des

Dienstes. Für den Profanen ist sie eine leere Tautologie, in der er vergeblich nach Sinn sucht. Der Dichter und Musiker kann sie zu einem erhabenen Bild oder Sprachklang ausgestalten, zu einem hinreißenden Werk der Frömmigkeit, und der Redner mag sie vielleicht zu einem virtuosen Kunstgriff gebrauchen (oder missbrauchen). Der Historiker erkennt in ihr Ausdruck und Merkmal eines besonderen Zeitstils; für den Soziologen ist sie ein bekanntes Mittel, um in einer bestimmten Gemeinschaft – deren Wesen er dadurch analysieren kann – gewisse Massenreaktionen und Massensuggestionen hervorzurufen (ähnlich den vielbejubelten Reden gewisser Diktatoren: »Die Größe ist groß, und der Ruhm ist ruhmvoll; das Volk ist volkhaft und die Nation national«). Für den Psychologen ist sie nur eine Methode zur Ausschaltung des Denkens und zur Einschaltung des Gefühls, das zuletzt vielleicht visionäre Zustände ermöglichen kann – und für den Psychiater (der gewöhnlich von der eigenen Hoffnungslosigkeit nicht die leiseste Ahnung hat) ist sie ein Schulbeispiel religiösen Wahnsinns.

Und für den Übersetzer? Für den ist sie eine Pein. Eine oft unlösbare Aufgabe. Denn was in der Sprache des Originals vielleicht einen tiefen Sinn haben mochte, würde in wortgetreuer Übersetzung wirklich zu einer unverständlichen Tautologie ohne Sinn herabsinken, zu überflüssigen Wortwiederholungen, deren leeren Klang zu vermeiden wir alle schon in der Grundschule gelernt haben dürften.

Sollen wir vielleicht das solcherart gebrauchte oder fromm verbrauchte oder spielerisch missbrauchte Wort durch Synonyme zu variieren versuchen? Das wäre dann oft noch schlimmer, denn der Sinn wird ja nicht reicher dadurch, sondern nur noch ärmer. In deutscher Sprache würden sich auch kaum neun Synonyma für das Wort »preisen« finden lassen.

Denn es sind tatsächlich zumeist *neun* Synonyma, drei mal drei, die der Verfasser der areopagitischen Schriften gebraucht. Er geht dabei stets von dem einen Credo aus, das den Schlüssel zu seinem Gesamtwerk bildet: Die drei mal drei Stufen jeder Konkretion oder Abstraktion, um vom Unendlich-Unfasslichen All-Eins und Nichts-Nicht zum wirklich (und das heißt, begrenzt und endlich) existierenden Ding des Diesseits zu gelangen, und von da wieder zurück, also auch, um von jedem sinnlich konkreten Ding oder Wirken zurück auf das eigentlich und zeitlos Wahre sich besinnen zu können, jenseits von aller geschaffenen Welt – das ist für ihn der einzig mögliche, einzig gangbare Weg des menschlichen Verstehens.[14]

Das Wunder der Überbrückung dieses Ewig-Unüberbrückbaren nannten die Griechen »Kairos«, die Inder hießen es Wanderung der Seelen zum Nirvana hin, die Perser fassten es als einen ewige Kampf zwischen Licht und Finsternis auf, die einander doch erst bedingen und die ohne einander nicht sein können. Die Juden des Alten Bundes hatten dasselbe Wunder als die Stiftung der transzendenten Gerechtigkeit durch den einig-einzig-ewigen Schöpfergott begriffen, und die Christen hatten begonnen, dieses selbe Wunder als die Fleischwerdung des Logos in Christus erfüllt und überall in der Welt nur durch Christus erfüllbar zu sehen, den sie als Gott und als Menschen, als Das Eine und zugleich als diesen einen verehren und lieben wollten.

Aber wie kann man ein solches Credo sprachlich ausdrücken? Als Gott und Mensch? Oder als Gott im Menschen? Sollte der irdisch verleiblichte Jesus als gottgleich – *homo-*

ousios – oder als gottähnlich – *homoi-ousios* – bezeichnet werden? An diesem »Jota zu viel« sollte mancher Ketzer scheitern. Es galt also zu zeigen, dass Jesus, der Mensch, ganz und gar Gott gewesen sei, und Christus, der Gott, ganz und gar Mensch, und dass das göttlich-unendliche Nichts-nicht aus Liebe und Güte den Erlöser ins Endliche ausgesandt habe, damit wir, die freien, aber endlichen und daher stets gefährdeten Menschen, uns dem Unendlichen überhaupt nähern können – ohne es doch je zu erreichen – in unablässigem Bemühen …

Dies in Worte zu kleiden, war schwierig: Die menschliche Sprache musste erst dazu fähig gemacht werden.

Gregor von Nyssa hat es versucht, und auch seine Ausdrucksweise ist nicht leicht – seine Worte sind dunkel, auch wenn höchstes göttliches Licht in ihnen eingefangen zu sein scheint.

Aber erst die von Dionysius aus dem Osten, Süden, Westen (also aus dreifachem Kulturgut) zusammengeschaute Methode brachte die Lösung: Durch immer weiter fortgesetztes Absprechen alles dessen, was unmöglich Gottes sein könne, weil es immer noch endlich war, durch immer weiter fortgesetztes Verallgemeinern des Wesenhaften, bis alles konkrete Erdenwesen von diesem Begriff abfällt, durch immer weiter fortgesetztes Konkretisieren des Lebenmachenden, bis auch das Unendliche im endlichen Licht sichtbar aufzuflammen scheint – dadurch hat seine Sprache es schließlich dennoch vielleicht vermocht, allmählich im steten Ringen nach jedes Mal neunfach hierarchisch einander umfassenden Begriffen dem unsichtbar unendlichen Urlicht etwas näherzukommen.

Walther Tritsch

DIE NAMEN GOTTES

KAPITEL I

DIE ABSICHTEN DIESER SCHRIFT UND DIE ÜBERLIEFERUNG DER NAMEN GOTTES

1.

An die »Theologischen Grundlinien« möchte ich nun eine andere Schrift anschließen: Ich will dir jetzt, mein glückseliger Freund, die Namen Gottes zu enthüllen versuchen, so weit meine bescheidenen Kräfte reichen.

Auch hier soll unser festes Maß nur das Gesetz der Heiligen Schrift sein: Wir wollen niemals die Wahrheit eines von Gott aus gesagten Wortes durch überredende Menschenvernunft zu behaupten suchen[15]; wir wollen jedes solche Wort stets nur durch die Offenbarungen des Heiligen Geistes erweisen, der die Verfasser dieser Schriften erleuchtete. Er allein gab ihnen die Kraft, uns ohne viele Worte und ohne viel Wissen dem Unsagbaren und Unkennbaren näherzubringen[16], dem Unendlichen, das jedes Fassungsvermögen unseres Verstandes und Willens übersteigt und dem wir uns nur einen können, wenn unsere Hingabe ebenso unendlich ist wie seine Gnade.

Es ist dies überhaupt für uns ein Grundgesetz, dass wir über das Unfasslich-Allumfassende und Unaussprechlich-Geheime der Gottheit nichts anderes aussagen oder auch nur zu denken wagen, als was von Gott selbst in den Heiligen Schriften uns offenbart wird. Denn Ziel und Gegenstand unseres Suchens ist ja gerade dieses Unkennbare der Gottheit, erhaben über jedes Wissen und Verstehen, erhaben auch über Nichtwissen, erhaben über Sein, Werden, Wesen: Darum soll unser Suchen auch beim Wesenhaft-Umgrenzten sich nicht bescheiden – und doch dürfen wir unsere Augen zum Unzugänglichen nur emporheben, soweit ein Strahl der göttlichen Erleuchtung selbst es ist, der aus den Heiligen Schriften in uns herüberdringt: Nur ein höherer unirdischer Glanz kann uns zu demütig-schlichter Schau des Unschaubaren befähigen, indem er uns zu heiliger Scheu vor dem Göttlichen stimmt. Nur wenn wir von den heiligen und durchaus wahrhaften Lehren der Heiligen Schriften uns leiten lassen, nur dann enthüllt sich uns das Göttliche, jedem von uns nach dem Maße seines Fassungsvermögens, und wir erschauen es dann. Unmessbar und unbegreiflich ist die Güte Gottes, aber in liebender Schonung unserer Unzulänglichkeiten hüllt sie sich für uns in das Gewand des Messbaren, stellt sie sich für uns im Endlichen dar. So wie das nur durch Vernunft Erkennbare unfasslich für die Sinne ist, nicht zu schauen, nicht zu greifen, und wie das Einfache dem Gegliederten, das Unbildliche dem Bildlichen unerreichbar bleibt, das Unkörperliche dem Körperlichen unbekannt ist, das Umfassende im Gestalteten nie endgültig zu gestalten wäre, ebenso wahrhaft und nach dem gleichen Gesetz erwiesen reicht das Unendliche über alles Wesen hinaus, entzieht sich das Unbegrenzte allem Seienden, im Sein begrenzten, unfassbar für alle Vernunft, und die Ur-Einheit, die allem Geistigen erst Sinn gibt, bleibt ebenso allem nur Geistigen entrückt.

Unausdenkbar für jede Denktätigkeit ist das über alles Denken erhabene Eine, uns unaussprechlich für jede Rede ist das alle Rede übersteigende Gute, denn es handelt sich um das Ur-Eine, welches in jeder Einheitlichkeit erst Einssein bewirkt[17]: Eine Wesenhaftigkeit ist es, die jenseits von allen Wesen hinausreicht über alles Wesenhafte; eine wissende Weisheit ist es, die keiner wissenden Weisheit vernünftiger Wesen mehr zugänglich ist. Mit einem Wort, der Logos, also das Wort selbst ist es, das durch keine menschlichen Worte mehr ausgedrückt werden kann, ein Nichtwort, Nichtwissen, Nichtwesen, Nichtname, kurz alles, was in keiner Art zu irgendetwas gehört, oder irgendetwas ist, Grund des Seins für alle Dinge und doch selbst nicht Ding und nichts Seiendes. Es ist erhaben über alle Wesenheit, ausgeschlossen von aller Wesenheit, denn es stellt sich nicht dem Endlichen. Es ist so beschaffen, dass es nur selbst über sich selbst Auskunft geben kann, ureigentlich und jenseits von allem Wissen, jenseits von aller Macht und jenseits von allem So- und Nur-So-Sein.

2.

Von der Gottheit, die über alle Wesen erhaben und über alle Geheimnisse geheim ist, kann man nichts Endliches behaupten, man darf es nicht einmal zu denken wagen: Man muss sich streng an das halten, was uns die Heilige Schrift hierüber nach Gottes Willen heilig offenbart. Denn jedes Wissen oder Schauen von dem, was die Gottheit ist, wird allen Lebenden immer unzugänglich bleiben – als das Ungeschaffene ist sie allem Geschaffenen stets entrückt. Gütigerweise hat uns dies die Gottheit selbst in diesen Heiligen Schriften von sich selbst überliefert.

Unter den Hagiographen[18] wirst du viele finden, die sie nicht bloß als unsichtbar und unfassbar und unbegreiflich gefeiert haben, sondern auch als unerforschbar und unaufspürbar, denn es kann keine Spuren von dem geben, was an die uns verborgene und unzugängliche Unermesslichkeit Gottes hinanreicht. Und dennoch – das Gute ist wahrhaftig nicht unmitteilbar. Es kann durch endliche Wesen anderen endlichen Wesen weitergegeben werden. Es lässt den Strahl hervorleuchten, den es in sich selbst beharrlich und unentwegt erzeugt, und in seiner Güte verwandelt es diesen Strahl in natürlichen Glanz, welcher den einzelnen endlichen Wesen entspricht. Es hebt die vom Heiligen Geist Getroffenen nach ihrer Möglichkeit zu sich empor, gewährt ihnen eine Schau seines Abglanzes, schenkt ihnen Gemeinschaft mit diesem Abglanz und leitet sie an, ihn möglichst nachzubilden. So wird geheiligten Geistern auf erlaubte und heilige Weise eine Berührung des Unendlichen zuteil[19], die sie nicht über ihr Können erhebt, sie auch nicht vermessentlich nach einem höheren Grad der Gottesschau streben lässt als der Theophanie, die eben ihrer eigenen Ordnung gewährt werden kann.

Sofern diese zur Erleuchtung geführten nicht durch Nachgiebigkeit gegen das Schlechtere abwärts gleiten und festen Standes und unbeugsam zu dem ihnen entgegenleuchtenden Strahl ihre Augen emporrichten, und sofern sie dies in Liebe tun, mit heiliger Ehrfurcht, bescheiden und fromm, der ihnen gestatteten Einstellung gemäß, können sie also vom Unendlichen geistig beflügelt werden.

3.

Wir wollen uns an diese urgöttliche Waage halten, durch die auch noch alle heiligen Ordnungen bis zu den überhimmlischen Chören durchweg geregelt werden. Wir wollen das über Verstand und Wesen Erhabene und Verborgene der Urgottheit ehren, wie es uns möglich ist, durch bescheidenes Schweigen vor dem Unaussprechlichen und mit heiligen, auf volle Erforschung verzichtenden Akten der Ehrfurcht. So erheben wir uns zu den aus der Heiligen Schrift auf uns herniederleuchtenden Lichtstrahlen. Von ihnen werden wir zum Verständnis der urgöttlichen Hymnen geleitet und zum Lichte der Gottesnamen. Es ist ein überweltliches Licht, mit welchem wir da erfüllt werden, von jenseits des Alls kommend, und den heiligen Hymnologien gemäß verwandelt es uns. Es befähigt uns, das urgöttliche Unerschaffene Licht zu schauen, genau in dem Maße, in welchem es uns dort vermittelt wird. So dürfen wir denn auch den Urgrund jeglicher Lichterscheinung preisen, der jegliches Gute spendet, und Ihm danken, dass Er selbst es über sich selbst in den Heiligen Schriften uns hat vermitteln wollen.

So werden wir von Ihm in Wahrheit dennoch einiges behaupten dürfen. So zum Beispiel: Er allein ist aller Dinge Ursache und Anfang und Mitte, Wesen und Leben. Er ist die Rückberufung und die Aufrichtung für alles von ihm Abgefallene.[20]

Für alle unter die Herrschaft schlimmer Mächte Gesunkenen, denen diese das göttliche Ebenbild verdunkelten, ist Er die Wiedererneuerung, bringt Er die Wiedergestaltung.

Allen, die abgeglitten sind in die Uneinheit oder wankend geworden sind durch irgendeine unheilige Erschütterung, bringt Er Heilung und Wiederkehr zu innerster Festigkeit. Allen, die fest geblieben sind, schenkt Er Bestätigung und Sicherheit. Allen, die zu ihm empor wollen, reicht Er die hilfreich gebotene Hand. Für alle, die des Schauens fähig sind, ist Er das Licht, für alle, die der Vervollkommnung zugänglich sind, ist Er die Vollkommenheit, und für alle, die einer Weihung würdig sind, ist Er die Weihe. Für alle, die geheiligt werden können, ist Er das Urheilige; für alle, die noch Widersprüche zu verschmelzen haben, ist Er die innere Einfachheit, und die innere Einheit für alle, denen bis zum Einen vorzudringen gestattet ist. Innere Einheit kommt aber vom Anfang aller Anfänge, vom Ursprung aller Ursprünge, wesentlich vor allem Wesentlichen, Ursprünglichen, Anfänglichen, jenseits der Endlichkeit. So ist Er auch gütige Mitteilung des Verborgenen – so weit überhaupt das Verborgene mitgeteilt werden kann, ohne entheiligt zu werden – und so ist Er auch (vielleicht ist damit schon alles gesagt) das Leben selbst vor allem Lebendigen, das Wesen selbst vor allem, was wesenhaft ist, Ursprung und Ursache und Sinn jeglichen Wesens und Lebens. In Seiner Urgüte erzeugt und bewahrt Er das Dasein von allem, was überhaupt ist oder sein kann.[21]

4.

In solche Erkenntnisse weihen uns die Heiligen Schriften ein. Du wirst finden, dass sozusagen die ganze heilige Hymnologie der Hagiographen – fast alle Lobschriften der alten Propheten und Väter der Kirche – die Namen Gottes tatsächlich in solcher Weise offenbaren: Als aufklärende Lobpreisungen, im Einklang mit den ausdrücklichen Hinweisen, welche von der urgöttlichen Güte unmittelbar oder durch Mittler aufklärend ausgegangen sind.

So sehen wir, wie fast in jedem der heiligen Bücher die Urgottheit auf heilige Weise als *Monas* und *Henas* geschildert wird, als das Eine in sich selbst Unveränderliche und Unteilbare und Glied- und Grenzenlose, als das Nicht-Vielfältige – als die alles Wesenhafte zu Einheiten gestaltende Kraft, durch die auch wir in die Einheit wieder erhoben werden, auch wir zu einer Gott nachbildenden Monas verdichtet, auch wir zu der von Gott vorgegebenen Übereinstimmung der Elemente geläutert, wobei alle in uns auseinandergegliederten Verschiedenheiten sich wieder zu einer höheren Einheit zusammenschließen: Und zwar zu einer Einheit, die dann nicht mehr nur unserer eigenen Welt angehört, sondern der höheren jener höheren Monaden, die nach Gottes Vorbild geschaffen sind.

Oder wir sehen, wie die Urgottheit als *Trias* gefeiert wird. Hier ist dann die vor jede Schöpfung gesetzte Schöpfungskraft gemeint, aus welcher jegliche Vaterschaft in Himmel und auf Erden stammt, in drei personifizierten Hypostasen[22] sichtbar, in drei Offenbarungsformen wirksam, daher Ihr Name: Dreifaltigkeit.

Als Ursache allen Seins finden wir sie auch gepriesen, weil ihre wesenhafte Güte es ist, die alles, was ist, ins Dasein rief. Als Weise und Schön, weil alles Geschaffene voll göttlicher und heiliger Schönheit ist, sofern es nur die Züge der ihm entsprechenden und ihm verliehenen Natur unversehrt bewahrt.

Der vorzüglichste aller Namen der Urgottheit ist aber die Liebe: Ist es nicht eine ganz und gar wunderbare Menschenliebe, welche veranlasste, dass eine der drei Hypostasen in wahrhaft vollkommene Lebensgemeinschaft mit unserem Menschengeschlecht eintrat? Sie hat die äußerste Niedrigkeit des menschlichen Zustandes auf sich genommen und dadurch die ganze Menschheit zu sich emporgehoben; denn aus dieser Niedrigkeit hat Jesus tatsächlich die Elemente seiner Verschmelzung mit dem urgöttlich-Einfachen ohne Vorbehalte in sich einbezogen.[23] Der Ewig ist, empfing eine zeitliche Zutat, wurde bis in den Grund unserer Menschennatur selbst hineingeboren, Er, dessen Wesenheit über allem Wesenhaften ist und alle Stufen der Seinsschöpfung und des Alls überragt, und der unvermischt und unveränderlich alles nur Ihm eigentümliche auch hierbei unantastbar bewahrte.

Diese Erleuchtung, sowie anderes solcher Art, die das Geheimnis des göttlichen Wirkens betreffen, wurde uns in Übereinstimmung mit den Heiligen Schriften durch unsere gotterfüllten Lehrer übermittelt, uns in geheimer Überlieferung erklärt, und so wurden auch wir beschenkt und eingeweiht. Jetzt sind wir darum in den Stand gesetzt, in einer unseren Kräften entsprechenden Weise auch durch die heiligen Schleier hindurchzusehen. Jetzt wissen wir, dass die Heiligen Schriften und hierarchischen Überlieferungen sich in menschenfreundlicher Güte solcher Schleier bedienen, um das Geistige im Sinnlichen auszudrücken und das Überseiende im Seienden gnädig zu verhüllen. Sie legen Gestalt und Bild um das, was weder Gestalt noch Bild hat, sie vervielfältigen die über jede Darstellung und Konfiguration erhabene Einfachheit, sie malen durch die bunte Mannigfaltigkeit der Teilsymbole aus, was über alle Natur und Sagbarkeit und Vorstellung ist.

Dereinst aber, wenn wir in die Unvergänglichkeit und Unsterblichkeit zurückgekehrt sind,[24] wenn wir zur allerseligsten Ruhe bei Christus gelangt sind, werden wir immerdar mit dem Herrn vereint sein, wie die Schrift sagt[25], werden wir ganz erfüllt von der heiligen Schau Seiner uns wieder sichtbar gewordenen Theophanie sein; wir werden wieder in seinen lichtesten Strahlen aufgefangen wie ehedem in seiner heiligen Gegenwart die Jünger aufglänzten. Aller Leidenschaften und aller Stofflichkeit ledig, wird unser Geist an den Geist zeugenden Lichtspenden des strahlenden göttlichen Geistes Anteil nehmen können, wir werden uns zu göttlicher Nachahmung der überhimmlischen Geister befähigt finden, in übergeistiger Einung, mit jener allein erleuchteten unkennbaren Kraft, deren göttliche Berührung uns stärker sehend macht als das stärkste Licht. So werden wir, wie die Schrift sagt, in Wahrheit engelsgleich sein und Söhne Gottes, weil Söhne der Auferstehung.[26]

In diesem Leben aber müssen wir uns geeigneter Symbole zur Erkenntnis des Göttlichen bedienen, nach unseren Möglichkeiten, kraft heiliger Analogien: Wir können uns von diesen Symbolen dann Stufe für Stufe zur einfachen Wahrheit erheben, zur höheren Einheit geistigen Schauens. Nach jeder Erkenntnis der göttlichen Dinge, wie sie unserem Fassungsvermögen entsprechen mag, müssen wir unsere Suche nach gedanklichen Auslegungen bezähmen und die Ratio ruhen lassen, sobald uns der Strahl getroffen hat, der von jenseits der geschaffenen Welt kommt.[27] In solchem Strahl sind alle Bereiche aller einzelnen Erkenntnisse und Möglichkeiten schon vorgegeben. Nur auf völlig unaussprechliche Weise kann uns dies unmittelbar zu erkennen gestattet sein, obschon es gewöhnlich für endliche Wesen und Geister und Sinne unkennbar und unausdrückbar und unschaubar bleibt; denn das Unendliche ist uns über alles Endliche hinaus entrückt und bleibt über alles Wesentliche hinaus unkennbar. Der Strahl aus dem Jenseits enthält alle Erkenntnisse über das Sein und Nichtsein der Dinge, begreift alle Kräfte von Wesen und Nichtwesen in sich ein, seine Macht ist nicht zu fassen, ist auch noch über jene Geister erhaben, die über allen Himmeln sind, und thront jenseits des Alls.

Zumal wenn alle Erkenntnisse Seiendes zu ihrem Gegenstand haben und auf Seiendes hinzielen – dann ist der Strahl, der vor allen Seienden war und über allem Seienden bleibt, auch allem Erkennen entrückt.

5.

Wenn aber der göttliche Strahl erhaben über jede Aussage ist und über jede Erkenntnis, und wenn überhaupt nicht einmal die Kategorien von Verstehen und Erkennen auf ihn anwendbar sind – denn wenn er auch alles umfasst, verbindet, einschließt und im Voraus enthält, bleibt er doch selbst durchaus unfassbar – und wenn es für uns keine Sinneswahrnehmung von ihm geben kann und keine Vorstellung, kein Bild von ihm und keine Fantasie von ihm, keine Meinung von ihm und kein Wissen, keine Berührung mit ihm und keinen Namen für ihn und kein ihm angemessenes Wort – wie kann dann eigentlich eine Abhandlung über die Namen Gottes von uns verfasst werden? Wenn doch die Gottheit jenseits von allen Geschaffenen ist, über alles Wesenhafte hinaus, also auch unbenennbar? Und wenn sie sich als über jeden Namen erhaben erweist?

Freilich können wir das Eine, das Unerkennbare, das über jedes Wesen Unendliche, das Gute an sich weder aussprechen noch erkennen – was es nämlich in Wirklichkeit ist, das habe ich schon in den »Theologischen Grundlagen« darzulegen versucht. Ich meine, unerkennbar bleibt die dreipersönliche Einheit,[28] ihre einzige Gottheit und einfache Güte. Aber auch die den Engelnaturen gemäße Einheitlichkeit heiliger Mächte ist für uns unerkennbar und nicht in Worte zu kleiden, gleichgültig ob wir diese Einheit als Berührung und Zusammenhang auffassen oder als Empfangen und Aufnehmen der göttlichen Güte, deren Klarheit über alles Licht und deren Unendlichkeit über alles Erkennen geht.[29] Diese Einheitlichkeit heiliger Mächte ist nur in den Engeln selbst wirksam, soweit sie über engelsgemäße Kenntnis hinaus solcher Einheit gewürdigt worden sind. Erst wenn ihre Geistseelen durch solche Berührung oder Aufnahme engelsgleich mit Gott geeint sind, so weit es ihnen irgend möglich ist – und es ist ihnen erst möglich, wenn solche Einigung der vergötterten Geister mit dem übergöttlich unerschaffenen Licht jenseits aller Denktätigkeit sich vollzog – erst dann vermögen sie auf zutreffende Weise den Urstrahl des göttlichen Lichtes preiswürdig zu preisen. Sie verzichten auf die Erkenntnis jedes Seienden, um über jedes nur Seiende hinaus, mit Wahrheit erleuchtet, Ihn als die übernatürliche Ursache von allem Geschaffenen dankend zu feiern, als den Urgrund, der selbst nicht geschaffen und nicht endlich und überhaupt nichts von allem Seienden ist, allem Nur-Wesenhaften enthoben.

Gemäß solcher Wesenheit jenseits von allem Wesenhaften und solcher Übergüte des Urguten über alle Güte hinaus darf darum niemand das unfasslich Urgöttliche als Wort oder Kraft oder Geist oder Leben oder Wesen preisen – wenigstens wenn wir Liebhaber jener Wahrheit sind, die alle Wahrheiten übersteigt. Wir können nur sagen, dass die Urgottheit überhoch über alles Sagbare hinausgerückt ist, über jegliche Beschaffenheit, oder Bewegung, oder Eingebung, Erleuchtung oder Meinung, oder Erkenntnis, über jegliches Leben oder Wort, oder Wesen, über jeglichen Namen oder Gedanken, über Stand und Stellung, über Vielheit und Einigung, Anfang und Ende, ja über die Unendlichkeit selbst noch hinaus: Über alles, was ist oder werden kann.

Weil aber die Gottheit in ihrer allübersteigenden Güte unmittelbar durch ihr Sein die Ursache von allem Seienden ist, so muss diese urgütige Vorsehung der Urgottheit von allen verursachten Wesen würdig gepriesen werden.; denn durch Sie und um Ihretwillen ist alles ringsumher, und Sie selbst ist vor allem, und in Ihr hat das All seinen Bestand.[30] Ihr Sein ist es, durch welches alle Schöpfung und aller Bestand des Weltalls begründet ist, nach ihr strebt alles hin, die geistigen und denkenden Wesen auf geistige und denkende Weise, die ihnen untergeordneten Leben auf dem Weg der Sinneswahrnehmungen, die übrigen durch ihre Bewegung oder durch ihr Sein und Wesen, oder sei es auch bloß durch ihren angemessenen Zustand oder durch sonstige gemäße Beschaffenheit.

6.

Weil die Verfasser der Heiligen Schriften mit diesem Wissen vertraut sind, feiern sie die Gottheit bald als namenlos, bald mit jeglichem Namen.

Als namenlos preisen sie alles Göttliche, wenn sie zum Beispiel erzählen, die Urgottheit selbst habe in einem jener mystischen Gesichte der sinnbildlichen Theophanie einen Tadel ausgesprochen, als da einer fragte: »Welches ist dein Name?«[31] und wie wenn sie ihn von jeglicher Erkenntnis der Gottesnamen abbringen wollte, ihm erwidert: »Warum fragst du nach meinem Namen – der ist ein Wunder für dich.« Und ist dies nicht auch in Wirklichkeit das Wunder der Wunder, der Name über alle Namen, der namenlose Name, über jeden nennbaren Namen erhaben, sei es in dieser Weltzeit, sei es in einer künftigen?

Als vielnamig loben sie Gott, wenn sie Ihn hienieden also redend einführen: Ich Bin, Der Ich Bin,[32] oder Der Ich Sein Werde, oder Der das Werden macht,[33] oder das Leben, das Licht, das Wort,[34] oder der Einzige, der Gott, die Wirklichkeit.[35] Oder wenn die, welche von Gott wissen, den Urheber von allem selbst mit vielen Namen nennen aufgrund aller verursachten Dinge, als gut,[36] als schön,[37] als weise[38], als liebespendend,[39] als Gott aller Götter,[40] als Herrn aller Herren,[41] als Heiligen aller Heiligen,[42] als den Ewigen, der die Zeit in die Zeit und aus der Zeit hebt,[43] als Seienden, der das Sein macht, und als Ursache aller Weltenäonen,[44] als Spender des Lebens,[45] als Weisheit,[46] Vernunft,[47] Logos,[48] als allwissenden Kenner,[49] als Hort aller Schätze jeglicher Einsicht, überreich an Wissen,[50] als Macht aller Mächte,[51] als König aller Könige,[52] als Ältesten jeglicher Tage,[53] als den Nichtalternden,[54] und Unveränderlichen,[55] als Heil- und Gerechtigkeitsbringer,[56] als Heiligungs- und Erlösungsbringer,[57] als den Übergroßen, größer als alle Unendlichkeit[58] und als den sich Offenbarenden in jedem gelindesten Säuseln der Luft.[59] Er ist sowohl in den Geistern[60] – so sagen sie – als auch in den Seelen.[61] Und doch ist Er – so sagen sie auch – stets Ebenderselbe,[62] in Ebendemselben und in allem,[63] innerweltlich,[64] außerweltlich,[65] um- und überweltlich,[66] über allen Wesen und über allen Himmeln,[67] Sonne,[68] Stern,[69] Feuer,[70] Wasser,[71] Hauch,[72] Tau,[73] Wolke,[74] Urgestein,[75] Fels,[76] oder Kristall[77] – alles, was ist, und doch nichts von dem, was ist.[78]

7.

Der Ursache von allem, die über allem ist, wird mithin auch die Namenlosigkeit gemäß sein, und es werden in gleicher Weise auch alle Namen des Seienden Ihr geziemen, damit Ihre Herrschaft über das All deutlich hervortrete, und damit auch alles, was ist, rings um sie her geordnet sei, Ihr als der Ursache, dem Ursprung, dem Endziel fest verbunden, so dass auch sie selbst nach den Worten der Schrift als »Alles in Allem«[79] gepriesen und wahrheitsgemäß gefeiert werde, als die Macht, welche allem, was ist, sein Wesen gibt, da sie dessen Ursprung ist und dessen Vollendung, sein Zusammenhalt, seine Hut und sein Herd.[80] Alles, das sich zu Ihr hinwendet, wird von Ihr in sich selbst einig, in unwiderstehlicher, überragender Weise. Die Gottheit ist nicht bloß Ursache des Zusammenhaltes der Dinge, so dass sie allein wegen dieser oder irgendeiner anderen Fürsorge als die namenlos übernamige Güte bekannt würde, sie hat vielmehr alles Seiende und alles Mögliche schon in sich vorausgenommen, einfach, ungegliedert und unbegrenzt und unbeschadet der ganz und gar vollkommenen Gnadenerweisungen ihrer Güte, in ihrer allursächlichen und allumfassenden Vorsehung. So ist sie auch von allem Seienden harmonisch zu preisen, zu feiern, zu nennen.

8.

Im Übrigen: Die Verfasser der Heiligen Schriften feiern nicht allein diejenigen Gottesnamen, welche von den allgemeinen oder besonderen Taten der Vorsehung abgeleitet wurden, oder von ihrer Wirkungsweise, oder von ihren Gegenständen, sondern auch solche Namen, die ihnen in manchen Gottesvisionen gekommen sind, wenn in den heiligen Tempeln oder sonst wo die Mysten oder Propheten erleuchtet wurden: Dann benennen sie die überklare Güte, entsprechend diesen Ursachen oder gemäß jenen Kräften, über alle Namen hinaus, dennoch mit Namen. Sie legen ihr dann wohl auch menschliche Gestalt und Bildung zu, oder Feuernatur, oder die Eigenschaften des Bernsteins,[81] sie feiern ihre Augen,[82] Ohren,[83] Haare,[84] das Angesicht der Gottheit,[85] ihre Hände,[86] oder Schultern,[87] Flügel,[88] Arme,[89] oder Rücken[90] und ihre Füße.[91]

Auch Kränze,[92] Ruhesitze,[93] Becher,[94] Milchkrüge[95] und manche anderen mystischen Gegenstände legen sie bildlicherweise der Gottheit bei. Wir werden in der »Symbolischen Theologie« darüber noch weiter nach unserem Vermögen sprechen.

Jetzt aber wollen wir alles, was zur vorliegenden Abhandlung gehört, aus den Heiligen Schriften zusammenstellen. Wir wollen zunächst das Gesagte zum festen Richtmaß nehmen, die Grundlagen fest im Sinn behalten, wir wollen nun zur Erklärung der verstehbaren Gottesnamen übergehen und die Schau göttlicher Attribute mit gereinigtem und durch Gottesschau geweihtem Sinn in uns aufnehmen oder – um das zuständige Wort zu gebrauchen – epoptisch erfassen.[96]

Heiliges Gehör wollen wir den Erklärungen der heiligen Gottesnamen leihen, indem wir gemäß der göttlichen Überlieferung das Heilige auf das Heilige gründen. Wir wollen es dem Gelächter und Spott der Uneingeweihten entziehen. Oder vielmehr – wenn es derartige Menschen überhaupt gibt – wir wollen sie in dieser Sache wenigstens von jedem Kampf gegen Gott fernhalten.[97]

Diese Vorsicht musst du wohl beachten, o mein lieber Timotheos; gemäß den heiligsten Satzungen sollst du die göttlichen Geheimnisse weder durch Wort noch durch Werk den Uneingeweihten mitteilen. Mir aber möge Gott verleihen, dass ich die heilwirkenden göttlichen Namen der unaussprechlichen und unbenennbaren Gottheit zu feiern vermöge, so wie es Gott geziemt. Er möge das Wort der Wahrheit niemals von meinem Munde nehmen!

KAPITEL II

DIE OFFENBARUNG DER GOTTHEIT ÜBER DAS, WAS EINHEIT UND VERSCHIEDENHEIT IST

1.

Was immer sie auch sein mag, in den Heiligen Schriften wird uns von der urgöttlichen Güte erzählt. So wird dort auch gepriesen, sie selbst sei es gewesen, die erklärt habe, die ganze urgöttliche Wesenheit offenbare sich in ihr selbst – nämlich stets als das Gute. Denn wie anders wäre die Schrift zu verstehen, wenn sie uns sagt: »Was fragst du mich über das Gute?[98] Niemand ist gut als Gott allein.«[99]

Es ist schon an anderer Stelle von uns untersucht worden, und erwiesen, dass alle göttlichen Namen, die wirklich dem göttlichen Wesen entsprechen, niemals in geteiltem Sinn ausgesagt werden dürfen. Immer müssen sie ungeteilt auf die ganze und vollkommene Gottheit bezogen werden, nach ihrem ganzen und vollkommenen Wesen, wie es durch die Heiligen Schriften angedeutet ist, absolut, ohne Vorbehalt, im ganzen Umfang, in voller Totalität der stets allumfassenden Gottheit, über jede einzelne Erscheinungsform hinaus. Wenn jemals ein Mensch zu behaupten wagte, das Gute sei nicht von der ganzen Gottheit ausgesagt, so begeht er eine Blasphemie, denn er unterfängt sich frevelhaft, die über alles Einssein hinaus umfassend einige Einheit Gottes zu zerspalten.[100] Es obliegt uns jetzt also, zu erweisen, dass jeder Namen Gottes stets von der ganzen Gottheit allumfassend zu verstehen ist.[101]

Der von seiner urwesenhaften Natur über alle Wesen gute Logos hat es uns selbst von sich selbst ausdrücklich gesagt: »Ich bin gut«[102], und einer der Gottbegnadeten und Gottbegeisterten feiert den Heiligen Geist[103] als »den Guten«.[104] Und wieder, wenn man behaupten wollte, das Wort »Ich bin der Seiende«[105] werde nicht von der ganzen Gottheit ausgesagt, und wenn man es versuchen wollte, es etwa auf irgendeine besondere Beziehung einzuschränken – wie will man dann die folgenden Worte verstehen können: »Dieses spricht, der da ist, der war, der kommen wird, der Allmächtige«, und jenes andere: »Du aber bist ebenderselbe«,[107] und: »Der Geist der Wahrheit, der da ist, und der vom Vater ausgeht?«[108] Wenn man es nicht zugeben wollte, dass die ganze Urgottheit Leben ist – wie bliebe dann das heilige Wort wahr: Gleichwie der Vater die Toten auferweckt und lebendig macht, so macht auch der Sohn lebendig, welche er will«,[109] und: »Der Geist ist es, welcher lebendig macht?«[110]

Ebenso, da doch der ganzen Gottheit über das All jegliche Herrschaft zukommt, so kann wohl, wie mir scheint, gar nicht gesagt werden – etwa in Hinsicht auf die gottzeugende Gottheit oder auf die Gottheit des Sohnes – an wie vielen Stellen der Offenbarung der Name Herr ganz allgemein für den Vater gebraucht wird und an wie vielen anderen Stellen für den Sohn. Aber auch der Heilige Geist ist Herr.

Ein Gleiches gilt für die Schönheit und für die Weisheit, die als Namen Gottes zu Preisgesängen verwandt werden: Sie gelten stets für die ununterscheidbar ganze Gottheit. Ebenso Bezeichnungen wie Licht oder Strahl oder das Vergöttlichende oder die Ursache – und überhaupt alles, was der ganzen Urgottheit zugehört. Immer wird es von der Heiligen Schrift zu jeglichem Lobpreis der einig-einzigen Urgottheit ungeteilt ausgesagt. In zusammengefasster Form geschieht dies, wenn geschrieben steht: »Alles ist aus Gott«,[111] in ausführlicher Rede dagegen, wenn es heißt: »Alles ist durch Ihn und auf Ihn hin geschaffen«[112] oder: »Alles hat in Ihm Bestand«,[113] oder noch: »Du wirst deinen Geist aussenden und sie werden geschaffen werden.«[114]

Abschließend wäre noch zur gleichen Frage an jene Stelle der Schrift zu erinnern, da der urgöttliche Logos selbst es ausspricht: »Ich und der Vater sind Eines« und: »Alles, was der Vater hat, ist mir eigen«[116] und: »All das Meine ist Dein und das Deinige ist mein.«[117] Und alles, was dem Vater und dem Logos gehört, das beziehen die Heiligen Schriften stets auch auf den urgöttlichen heiligen Geist, in gemeinschaftlicher und geeigneter Weise: Die göttlichen Wirkungen, wie auch die Verehrung, die urquellhafte und nie versiegbare Ursache wie auch die Verteilung der guten Gaben. So kann ich annehmen, kein Mensch, der durch die Heilige Schrift mit unverfälschten Anschauungen genährt worden ist, wird dem widersprechen wollen, dass alles Gottgeziemende auch der ganzen Urgottheit ungeteilt zukommen müsste, gemäß dem göttlich vollkommenen Wort.

Da wir nunmehr das alles aus der Heiligen Schrift erwiesen und deutlich beschrieben haben, hier kürzer und durch einzelne Hinweise, anderwärts aber bereits ausgiebiger, so wollen wir jetzt daran festhalten, dass jeglicher Gottesnamen – einerlei, welcher es sei – stets von der ganzen Gottheit zu verstehen ist.[118]

2.

Wenn jemand entgegnen wollte, dass wir uns hier einer Vermischung schuldig machen zum Nachteil von Unterscheidungen, wie sie unserer Auffassung von Gott geziemen würde, so glaube ich allerdings, eine solche Behauptung werde nicht als wahr beweisbar sein.

Gewiss, wer solche Gesinnung hegt, dass er glaubt, sich der Heiligen Schrift überhaupt widersetzen zu müssen, der wird sicherlich auch unserer Philosophie ganz und gar ferne stehen. Da er offenbar auf die Gottesweisheit, die aus der Heiligen Schrift zu gewinnen ist, nicht den geringsten Wert legt, wie sollte dann uns etwas daran liegen, einem solchen Menschen unsere Hand zu bieten, die nur dem Gutwilligen zu höherem theologischen Wissen verhelfen kann? Wenn aber unsere Widersacher den Blick auf die Wahrheit der Heiligen Schrift gerichtet halten, dann wollen wir ein gleiches tun und unsererseits uns ebenfalls dieser Richtschnur und Leuchte bedienen. So werden wir vielleicht nach besten Kräften und ohne Ausweichen zu unserer Verteidigung einiges vorbringen können.

Unser Satz wird hierbei lauten, dass die Offenbarung uns einiges unter geeinten Gesichtspunkten überliefert, anderes aber auch unter getrennten. Man darf das Geeinte nicht trennen und das Getrennte nicht vermischen. Wir müssen vielmehr der Offenbarung nach unseren besten Kräften folgen, wir müssen zu den göttlichen Strahlen selbst unseren Blick erheben.[119] Während wir durch die Offenbarungen der Schrift erleuchtet werden und die göttlichen Strahlen uns als herrlichste Richtschnur zur Findung der Wahrheit anleiten, müssen wir uns doch auch bemühen, die in der Heiligen Schrift niedergelegten Geheimnisse zu wahren, ohne Vermehrung, ohne Verminderung, ohne Veränderung ihres Wesens. Indem wir die Heiligen Schriften also vor Entstehungen bewahren, werden wir selbst vor Irrtümern bewahrt – und werden durch sie befähigt, auch die Menschen vor Sünde zu bewahren, die das heilige Wort vor Missbrauch bewahren.[120]

3.

Gewisse Namen sind also einheitliche und gemeinsame Namen der Gottheit, im Ganzen und überhaupt, so wie wir sie in den Theologischen Grundlinien bereits ausführlicher aus den Heiligen Schriften aufgewiesen haben. So das Mehr als Gute, Mehr als Göttliche, Mehr als Wesentliche, Mehr als Lebensvolle, Mehr als Weise und so weiter, nämlich überhaupt alles, was wegen der Überfülle seines Wirkens am besten mit Namen ausgedrückt wird, die durch Verneinung jeder Endlichkeit andeuten, dass hier der Rahmen aller Schöpfung überschritten ist. Dazu gehört auch alles, was den Begriff der Ursache ausdrückt: So das Gute, Schöne, Seiende, Lebenszeugende, Weise und alles, was immer auf die wohltuende Güte dessen hinweist, der wegen seines allverursachenden Gutseins auch der Urquell alles Guten genannt wird.

Die gesonderten Bezeichnungen betreffen dagegen auch verschiedene Wirklichkeiten,[121] wobei jedoch Namen und Benannte – der Vater, der Sohn und der Heilige Geist – ebenfalls auch die Grenzen von allem Geschaffenen übersteigen. Unter diesen darf freilich keinerlei Verwechslung oder Vertauschung oder Gemeinschaft der Wirkungen eingeführt werden.

Außerdem ist die vollkommene, unveränderliche Wesenheit Jesu als ein Gesondertes zu betrachten, sofern Er unter uns Fleisch geworden ist, samt allen Geheimnissen, die dementsprechend auch der liebenden Gegenwart Seines Menschtums wesenhaft eigentümlich geworden sind.

4.

Aber ich denke, wir müssen weiter ausholen. Wir müssen zunächst die ganz und gar vollkommene Art der göttlichen Einung und der göttlichen Unterscheidung auseinandersetzen, damit der Gang unserer ganzen Untersuchung vor unseren Augen vollkommen klar und einsichtig werde; wir müssen alles nur unbestimmt Flimmernde und Undeutliche vermeiden, das Charakteristische herausheben, das Bezeichnende feststellen und nach unseren Kräften gut ordnen und deuten.

Wie ich schon an anderem Orte ausgeführt habe, verstehen die heilig Eingeweihten unserer theologischen Überlieferung unter *göttlicher* Einung jene geheimen Wirklichkeiten, die tiefgründiger als jeder Urgrund und darum nicht mitteilbar sind. Sie führen bis zur Höhe jener Einheit empor, die uns unerreichbar, unsagbar und unerkennbar ist; und dieselben Theologen nennen *göttliche Sonderung* jedes wohltätige Offenbarwerden der Urgottheit, also alle ihre Äußerungen im Hinblick auf uns. Im Anschluss an die Heilige Schrift reden sie auch von den Eigentümlichkeiten der erwähnten Einung und behaupten, dass auch die Sonderung wieder in Einungen und Sonderungen geordnet werden müsse.

Ein Beispiel: Gemäß der wahrhaft göttlichen Einheit des urgöttlichen Wesens, das jenseits aller Wesen ist, müssen wir der ureinen Dreifaltigkeit folgende einheitlich gemeinsamen Eigenschaften zuschreiben: Ihr heiliges Vorhandensein überragt alles Wesenhafte, ihre heilige Göttlichkeit übersteigt jedes einzelne Göttliche, ihr allwirkendes Gute reicht über alles wirkende Gute hinaus und ihre heilige Identität – ihr über alles erhabene Sich-Selbst-Ewig-Gleich-Bleiben – umfasst und sprengt alle einzelnen Eigentümlichkeiten in ihrer Ganzheit. Die heilige Dreifaltigkeit ist deshalb eine Einheit auch noch jenseits und oberhalb des Prinzips der Einheit selbst, denn sie ist jenseits von jeder Eigenschaft, und ebenso jenseits von Unsagbarkeit, Vielheit oder Vielnamigkeit, jenseits von Unkennbarkeit oder allbegreifendem Weltverstehen, jenseits von allumfassendem Bejahen, allumfassendem Verneinen, Übersteigen, Unerreichbarbleiben – sie ist auch noch jenseits des Nichtmehrberührtwerdenkönnens von jedem Ja und von jedem Nein.

Sie ist das Verbleiben und Ruhen der ureinheitlichen Hypostasen ineinander, die Urgrundlage und der Fortbestand aller persönlichen Grundwesenheiten der heiligen Dreifaltigkeit in ihrer Einheit und Allgegenseitigkeit, in ihrer Einheit vollkommen auch noch jenseits des Prinzips jedes Einsseins selbst, in ihrer Allgegenseitigkeit vollkommen auch noch jenseits von jedem Unterscheiden, Trennen oder Verbinden, also ohne jede Vermischung.

Wenn ich hierzu einen sinnfälligen Vergleich mit uns vertrauten Gegenständen wagen darf: Wir sehen doch auch, wenn in einem Raum viele Lampen sind, dass alle ihre Lichter sich zu einer einzigen Helligkeit vereinen und, wo sie Licht geben, einen einzigen ununterschiedenen Glanz ausstrahlen. Niemand – so vermute ich – dürfte da imstande sein, das Licht einer einzelnen Lampe von den anderen Lichtern auszusondern, etwa im Flimmern der alle Lichter umfangenden Luft, um das eine ohne das andere zu sehen, denn alle Lichter sind ganz im Ganzen und ohne Vermischung dennoch ineinander vereint.[122] So wie aber jemand in den Raum eintritt, in welchem viele Lampen dicht nebeneinander vereint leuchten, und auch nur eine von diesen Lampen ergreift und mit ihr diesen Raum verlässt, so wird auch das betreffende Licht ganz mit hinausfolgen, ohne irgendetwas von den übrigen Lichtern mit sich fortzunehmen oder von dem seinigen irgendetwas zurückzulassen. Ihre vollkommene, totale Einigung war also genau wie ich sagte durchaus unvermischt geblieben, in keinem Teil vermengt und doch Eins. Das traf tatsächlich zu, schon bei einem geschaffenen Stoff, nämlich der beleuchteten Luft, und bei dem an materielles Feuer gebundenen irdischen Licht! Deshalb sagen wir, dass die überwesentliche Einheit über alles erhaben ist, nicht nur über die Einungen von Körpern, sondern auch selbst über die der Seelen und sogar über die Einungen unter den Geistern. Als Lichter außer- und oberhalb aller Welt und als Spiegel der Gottheit sind ihnen Einungen möglich, die unvermischt und überweltlich bleiben – gemäß der Teilnahme, die den Teilnehmern an der über alles erhabenen Einung angemessen ist.

5.

Es gibt aber noch eine andere Unterscheidung. In den Offenbarungen über das Wesen Gottes jenseits von allem Wesenhaften geht es nicht nur darum, dass die drei göttlichen Personen auch in ihrer Dreieinigkeit fortbestehen, jede unvermischt und unverwechselbar, als Grundeinheit. Auch dies ist deutlich, dass nicht als wechselseitig verstanden werden darf, was auf die überwesentlich göttliche Zeugung sich bezieht. Nur der Vater allein ist die eine Quelle der überwesentlichen Gottheit – da der Vater nicht als Sohn und der Sohn nicht als Vater auftritt, und auch die Lobpreisungen der Heiligen Schrift beachten ehrfurchtsvoll bei jeder der urgöttlichen Hypostasen deren Eigentümlichkeit als Person.

Dies also ist das wichtige Gebiet der göttlichen Einungen und der göttlichen Sonderungen im Hinblick auf den überwesentlichen Seinsgrund und auf die überwesentliche Einheit des Unsagbaren.

Wenn auch der angemessene Maßstab für die göttliche Urgüte ein göttliches Unterscheiden ist – soweit sich das Einige erweitert und vervielfältigt, sei es auch auf überwesentliche Art – so bleibt doch auch in dieser göttlichen Verschiedenheit das Vielfältige stets geeint: So die Mitteilung des Unfassbaren, so die Erschaffung einzelner Wesenheiten, so die Erschaffung einzelner Lebensformen, so die schöpferische Setzung von Weisheiten, und so die übrigen Gaben der allein alles verursachenden Güte. Man könnte auch sagen, die daran Teilnehmenden offenbaren in ihrer Teilnahme selbst genau das, woran teilzunehmen nur durch Teilnahme am Unteilnehmbaren möglich ist.[123]

Auch dies nämlich ist für die ganze Gottheit ein Gemeinsames – geeint und ewig –, dass jedes der teilnehmenden überwesentlichen Wesen im Ganzen der göttlichen Unendlichkeit teilhat. Und nicht bloß an irgendwelchen Teilen: So wie am Mittelpunkt eines Kreises jede der seinem Umfang einhüllenden Geraden gleichvollen Anteil nehmen. Oder so wie alle die vielen Abdrücke eines Siegels vollen Anteil an der prägenden Originalform haben, ohne dass in irgendeinem der Abdrücke des ganzen und immer gleichen Siegels irgendein besonderer Teil der Originalform sich befände.[124]

Die Unmittelbarkeit des Mitteilens und Bewirkens durch die allursächliche Gottheit ist freilich auch über solche Analogien erhaben, denn hier gibt es keine Berührung durch die Anteilgebenden, noch irgendwelche Vermischung oder Gemeinschaft des unendlichen Schöpferwirkens mit der Endlichkeit derer, die Anteil an Ihm zu nehmen gewürdigt sind.

6.

Freilich lässt sich einwenden, das Siegel sei niemals in allen Abdrücken vollkommen ganz und wirklich ein- und dasselbe. Daran ist aber nicht das Siegel schuld; denn es teilt sich jedem Abdruck ganz und als ein und dasselbe mit. Allein die Verschiedenheit der mitbeteiligten Materie ist es, welche die einzelnen Abdrücke des einen und ganzen und gleichen Originals voneinander verschieden werden lässt. Wenn der hierzu verwandte Stoff weich und leicht zu formen ist, glatt und ohne Risse, der Aufnahme des Bildes nicht widerstrebend, auch nicht zu hart, andererseits auch wieder nicht allzu fließend und lose – dann werden sie das Prägebild rein und deutlich und dauernd festhalten. Sowie aber irgendeine von den erwähnten tauglichen Eigenschaften dem Prägestoff fehlt, dann wird dies daran Schuld sein, falls Text oder Abbild oder Deutlichkeit der Wiedergabe sich als unvollkommen erweisen oder sonst noch eine störende Einzelheit auftritt, die sicherlich auch auf die ungünstige Beschaffenheit des aufnehmenden Stoffes zurückzuführen sein wird.[125]

Ehe wir aber vom wohltätig liebenden Einwirken Gottes

auf uns Menschen sprechen, müssen wir hier noch eine andere Unterscheidung zu klären versuchen. Sie betrifft das Geheimnis, dass der überwesentliche Logos wirklich unsere Natur vollkommen aus uns aufgenommen habe, als Er unter uns trat, und dass Er in dieser Menschennatur gelebt, gehandelt, gelitten hat, wodurch Er allein, persönlich, ausschließlich und eigentümlich das Geheimnis menschlichen Gotteswirkens auf sich nahm und in die Tat umsetzte. Daran hat weder der Vater noch der Heilige Geist irgendeinen gemeinsamen Anteil, es sei denn im Sinne von Gottes gütigem und menschenliebendem Willen: Wenn wir an die ganze unfassliche und unsagbare Gottestat denken und sagen, der unter uns erschienene Unveränderliche habe sie vollbracht, sofern er Gott und Logos Gottes ist.

In diesem selben Sinne sind auch wir bemüht, die göttlichen Dinge in unseren Reden zugleich zu einen und zu sondern, insoweit das Göttliche selbst einerseits geeint, andererseits gesondert ist.[126]

7.

All die Gründe für diese Einungen und Scheidungen haben wir längst in den Theologischen Grundlinien auseinandergesetzt, soweit es uns möglich war, aus den Heiligen Schriften zu erkennen, was dem Göttlichen gemäß ist. Dabei haben wir bereits jeden Punkt nach Möglichkeit gesondert behandelt. Darunter gibt es Geheimnisse, die wir, wie ich glaube, nach ihrem wahren Sinn erschließen und aufklären konnten, indem wir den geheiligt ungetrübten Geist zu den strahlenden Schaubildern der Heiligen Schrift hinleiteten. Andere Wahrheiten sind mystisches Gut der göttlichen Überlieferung: Wir haben uns darum nur dunkel und über alle Denktätigkeit hinaus zu ihnen erheben können.

Alle göttlichen Dinge – so auch jene, die uns offenbart worden – sind nur durch Teilhabe erkennbar. Doch das Göttliche selbst, an sich, in der Eigentümlichkeit seines Ursprungs, seiner Grundlagen, seines Wesens übersteigt alles Vorstellen von Ursprung, Wesen und Erkenntnis. Wenn wir von der Eigenschaft Gottes sprechen, jenseits von allen Wesen verborgen zu sein, oder wenn wir das Geheimnis Seines Wesens, Seines Lebens anrufen, als »das Licht« oder als »das Wort« – so meinen wir nichts anderes als die aus der Gottheit zu uns heraustretenden Kräfte: Nämlich jene, die etwas in uns dem göttlichen Vorbild ähnlicher machen oder uns Dasein schenken, oder Leben erzeugen oder Weisheit spenden. An die Gottheit selbst aber tasten wir uns nur nach Aufhebung aller Denktätigkeiten heran, denn wir können ja keinerlei Vergottung sehen, oder Wesen sehen, oder Leben sehen, genau jener Ursache gleich, die allein Geschaffenen in jeglichem Überschwang stets entrückt bleibt.

Dies eine hingegen, dass der Vater vielleicht der Urquell der Gottheit sei, Jesus aber und der Heilige Geist sozusagen die aus Gott entkeimten Sprossen der Gottzeugenden ganzen Gottheit, gleichsam ihre Blüten und überwesentlichen Lichter – wenn dies auszusprechen erlaubt ist – das haben wir zwar auch aus den Heiligen Schriften erahnen können[127], wie aber diese Geheimnisse sich verhalten, das ist weder in Worte zu fassen noch zu denken.

8.

Fügen wir noch hinzu: An den Grenzen all unserer Denkfähigkeiten gelangen wir nicht weiter als bis zur Erkenntnis, dass göttliche Vaterschaft und göttliche Sohnschaft den überhimmlischen Mächten nur von der alles übertreffenden göttlichen Urvaterschaft und Ursohnschaft geschenkt sein kann[128]. Aufgrund derselben erhalten dann die gottähnlichen Geister Namen und Wesen von Göttern und Söhnen von Göttern und Vätern von Göttern, indem nämlich die also beschaffene Vaterschaft und Sohnschaft sich geistig auswirkt, unkörperlich, unstofflich, im Abstrakten und Absoluten, während der urgöttliche Heilige Geist über alle erkennbare Unstofflichkeit und Geistigkeit und Vergottung hinaus allem Geschaffenen entrückt ist und der Vater wie der Sohn über jedes endliche Verwirklichen von göttlicher Vaterschaft und Sohnschaft überhoch erhaben bleibt.

Es gibt keine genaue Ähnlichkeit zwischen den verursachten Dingen und ihren Ursachen. Zwar tragen verursachte Dinge nach Möglichkeit das Bild ihrer Ursachen in sich, aber diese Ursachen selbst sind über die verursachten Dinge hinausgerückt und hoch erhaben. Sie entsprechen nämlich den Verhältnissen ihres eigenen Ursprungs.

Es ist leicht, hierfür Beispiele aus unserem Menschenleben aufzugreifen: Von Anlässen zu unseren Freuden und Schmerzen wird oft gesagt, dass sie Empfindungen von Freude oder Schmerz in uns aus dem Nichts erzeugen – sie selbst aber fühlen hierbei weder Freude noch Schmerz. Das Feuer wärmt und brennt, und doch sagt niemand von ihm, dass es gebrannt und erwärmt wurde. Wenn aber jemand in schlechtem Sprachgebrauch sagen wollte, das Leben, als solches genommen, »werde gelebt«, oder das Licht, als solches genommen, »werde geleuchtet«, so drückt er sich nach meinem Dafürhalten unrichtig aus – es sei denn, er wolle in einem ganz anderen Sinn die Meinung bekunden, dass umgekehrt die verursachten Dinge schon in ihren Ursachen eigentümlich und wesenhaft – oder geheimnisvoll vorgebildet sind.[129]

9.

Auch die offensichtlichste Tatsache unter allen jenen, die uns Gott offenbart hat – die göttliche Menschwerdung Jesu – ist unsagbar für jede Rede und unbegreiflich für jeden Geist, auch für den ersten der vornehmsten Engel.

Gewiss, wir haben auf geheimnisvolle Weise überliefert erhalten, dass Jesus Dasein angenommen hat, nach Menschenart, aber wir wissen nicht, wie er aus jungfräulichem Blut gebildet wurde, nach einem anderen, von der Natur abweichenden Gesetz, wie er mit unbenetzten Füßen, welche doch leibliche Schwere hatten und das Gewicht des Körpers trugen, über das nasse und fließende zurückweichende Element ging, und dasselbe gilt von allem Übrigen, was unter die Frage der übernatürlichen Wesensbeschaffenheit Jesu fällt.

Aber die Mysterien dieser Art sind schon von uns selbst andernorts hinreichend besprochen worden, und auch unser berühmter Lehrer hat sie in seinen »Theologischen Grundlagen« mit höchster Kunst gefeiert, so dass ich mich hier nicht weiter darüber zu verbreiten brauche. Er mag einiges von den heiligen Theologen direkt überliefert bekommen und anderes durch langjähriges und wissenschaftliches Erforschen der Heiligen Schriften und nach eingehender Beschäftigung mit ihnen offenbart erhalten haben – oder er ist durch irgendeine göttliche Eingebung eingeweiht worden, indem er Göttliches nicht bloß lernte, sondern lebte.[130] Jedenfalls, infolge seiner innerlichen Erlebnisbereitschaft für das Göttliche – wenn man so sagen darf – ist er zum unlehrbaren Glauben erhoben und zum mystischen Einswerden mit dem Göttlichen vollendet worden.

Ich möchte wenigstens etwas aus den zahlreichen seligen Eingebungen dieses Mannes anführen und ganz kurze Proben seiner außerordentlichen Geisteskraft hier vorlegen. Er sagt in den von ihm verfassten Grundlehren über Jesus Folgendes:

10.

Die Worte des Hierotheus

»Die Ursache von allem, die auch alles erfüllt, ist die Gottheit des Sohnes.« Sie enthält alle Teile im Einklang mit dem Ganzen. Sie selbst aber ist weder Teil noch Ganzes. Und doch ist sie auch wieder Ganzes und Teil, sofern sie das ganze Weltall als Teil und als Ganzes in sich beschlossen hält, als Überbesitz und als Vorausbesitz.

»Sie ist als Urgrund der Vollkommenheit vollkommen in den unvollkommenen Dingen, in den vollkommenen Dingen aber ist sie dennoch nur unvollkommen enthalten, weil sie ja selbst über alle Vollkommenheit ist, als die Quelle aller Vollkommenheit. Sie ist Gestalt gebendes Formprinzip in den ungestalteten Dingen, als ihre Urform, gestaltlos dagegen in allem Gestalteten, weil über jeder Gestalt. Sie ist die makellos in alle Wesenheiten eintretende Wesenheit und bleibt doch, als überwesentlich, jenseits von jeder Wesenheit. Sie grenzt alle Grundsätze und Ordnungen ab und ist zugleich über jedem Grundsatz und über jede Ordnung erhaben. Sie ist das Maß für Sein und Zeit, selbst aber über allem Sein und jenseits von aller Zeit. Sie ist Fülle in allem Leeren und Überfülle in allem Vollen, unaussprechlich, unsagbar, Geist, Leben, Wesen und Sein übersteigend.

»Auf übernatürliche Weise besitzt sie das Übernatürliche, auf überwesentliche Weise das Überwesentliche.«

»Darum, nachdem die Gottheit des Sohnes aus Liebe zu den Menschen sich herabgelassen hat, wahrhaftig unsere Natur und Wesenheit ganz auf sich zu nehmen, und nachdem der Übergöttliche wahrhaftig als Mensch sich erzeigt hat, (mögen die von uns hier gefeierten unhebbaren Geheimnisse – die jeden Verstand und jedes Wort übersteigen – auch uns zu Schutz und Segen gereichen), da tat Jesus auch hierin das Übernatürliche und Überwesentliche, das ihm über alle Begriffe zu eigen ist: Er setzte sich mit uns in Gemeinschaft, unverändert und unvermischt[132], ohne durch seine unaussprechliche Selbstentäußerung irgendeine Einbuße seiner Überfülle zu erleiden, mehr noch, und dies ist das größte Wunder aller Wunder: Innerhalb unserer körperlichen Natur blieb er wunderbar übernatürlich und innerhalb dessen, was unseres Wesens ist, blieb er über alles Wesenhafte hinaus Ursache von allem[133], da Er alles besaß, was das unsere war und von uns kam, und auch alles im Ur- und Übermaß, was uns übersteigt.«[134]

11.

Davon nun genug. Wir wollen zum Thema unserer Abhandlung zurückkehren und, soweit es in unseren Kräften liegt, die gemeinsamen und geeinten Namen erklären, welche dem göttlich Geschiedenen gemäß sein könnten.

Um der Reihe nach vorzugehen und um deutliche und bestimmte Aussagen zu machen, wiederholen wir hier die grundlegende Bemerkung: Göttliche Geschiedenheit ist nur in den mit Rücksicht auf uns von der Urgottheit geschieden ausgehenden einheitlichen Wirkungen. Da die Urgottheit allen ihren Geschöpfen sich schenkt, die sie zum Dasein erhebt, und da sie zur Anteilnahme an allen ihren Gütern jedes dieser Geschöpfe verschwenderisch aufruft, so wird ihr einig-einziges Wesen in allen ihren Geschöpfen geschieden sichtbar und, ohne aus dem Einen ihres Einsseins je herauszutreten, auf einzigartige Weise vermehrt und in allen Formen der Schöpfung vervielfältigt.

Weil Gott überwesentlich der Seiende ist, den Wesen aber das Sein schenkt und sie dann auch noch ins Dasein ruft, so sagt man wohl auch, dass Er, der tatsächlich Einig-Einzige, sich dennoch vervielfältige und verschiedene Gestalten annehme; und zwar gerade dadurch, dass Er schöpferisch so zahlreiche Wesen ins Dasein heraufhebt, während Er selbst trotz dieser Vervielfältigungen unwandelbar und unendlich sich gleich bleibt, der Einig-Einzige bleibt, derselbe in allen Ausstrahlungen, eins in aller Vielfalt und ganz in jeder Geschiedenheit. Der Grund davon ist, dass Er über alles Seiende und über alles Wesenhafte erhaben bleibt, und dies sowohl bei der gesamten einig-einzigartigen Hervorbringung des Alls überhaupt wie auch im Einzelnen, bei seinem stets unverminderten Ausströmen, in seinen unendlichen Gaben und Mitteilungen.[135]

Aber noch mehr: Das Einig-Einzige-Ewige-Selbst, das in jedem Teil und jedem Ganzen stets Gegenwart und Ewigkeit ist und stets aller Einheit und aller Vielheit von dem Einen mitteilt, bleibt dennoch das überwesentlich Nur-Eine, da es ja weder ein Teil einer Vielheit noch auch ein Ganzes aus Teilen ist. So könnte man auch sagen, es sei weder Eines noch hat es Teil am Einen, noch enthalte es das Eine in sich; denn weit entfernt ist es vielmehr das Eine über dem Einen, ein Eines für alles Seiende und zugleich ungeteilte Vielheit für alle ausgeteilten Vielheiten – Überfülle, die nie zu erfüllen sein kann. Gott ruft jedes Eine und jede Vielheit erst ins Dasein, vollendet sie alle und hält sie alle zusammen.

Wenn sich die von Ihm verliehene Vergottung neuen Gottähnlichkeiten mitteilt und dadurch mehrere Götter zu entstehen scheinen, dem Vermögen eines jeden entsprechend göttlich, so heißt das nicht, es gebe eine Geschiedenheit und Vervielfältigung des einen Gottes. Nichtsdestoweniger war und ist und bleibt der Urgöttliche und Übergöttliche und Überwesentliche ein einig-einziger Gott, ungeteilt in allen geteilten Dingen, in sich selbst ungeschieden Eins und gegenüber aller Vielheit unvermischt und nie vervielfältigt.[136]

Dieses wunderbare Geheimnis erkannte auf wunderbare Weise derjenige, der meinem Meister und mir gemeinsam ein Führer zur göttlichen Wirklichkeit und zum göttlichen Licht gewesen ist, der in göttlichen Dingen so reich begabte, ein Licht für diese Welt – und deshalb schrieb er unter der Einwirkung des göttlichen Atems gottbegeistert in seinen Briefen: »Und wenn auch sogenannte Götter sind, sei es im

Himmel, sei es auf Erden (wie es denn viele Götter und viele Herren gibt), so haben wir doch nur e i n e n Gott, den Vater, aus welchem alles kommt, und wir sind zu ihm hingeschaffen – und nur einen Herrn Jesus Christus, durch welchen das All ist, und wir selbst sind durch ihn.«[137]

Auch in den göttlichen Dingen überbieten die Einigungen alle Geschiedenheiten in der Vielfalt, denn sie sind vorher; und auch nach dem Hinaustreten des Einen in die Vielfalt sind sie um nichts weniger geeint, denn ihre Geschiedenheit bleibt auch dann im Einartigen eines.

Nun wollen wir also diese gemeinsamen Geschiedenheiten und geeinte Vielfalt der ganzen einig-einzigen Gottheit – oder, wenn man es lieber so nennen will, ihrer grundgütigen Ausstrahlungen – aus den heiligen Gottesnamen zu schildern versuchen, nach Möglichkeit, und stets aus den Offenbarungen der Schrift.

Voraussetzung hierbei ist nur – ich wiederhole bereits Gesagtes – unsere Überzeugung, dass jeder Name Gottes, der sich immer nur auf Sein wohltätiges Wirken nach außen bezieht, von der ganzen ungeteilt unteilbaren göttlichen Totalität einfach zu verstehen sei – welcher der drei urgöttlichen Hypostasen wir ihn auch immer beilegen mögen.

KAPITEL III

KRAFT DES GEBETES – HIEROTHEUS-GOTTESFURCHT

1.

Wenn es dir passend scheint, wollen wir damit beginnen, den Namen »der Gute« näher zu untersuchen – diese allvollkommene und alle Wirkungen Gottes offenbarende Benennung. Vorher aber rufen wir die heilige Dreifaltigkeit um Beistand an, da sie die Urquelle der Güte und vor und über allem Guten ist, und weil in ihr alle gütigen Vorsehungsakte offenbar werden. Zu ihr als der Urgüte müssen wir daher unsere Gebete vor allem erheben, ihr müssen wir nähergebracht werden, so weit dies uns möglich ist; durch sie allein können wir dann in all die überguten Gaben eingeweiht werden, die in ihr ruhen. Denn wohl ist sie selbst allem nahe, aber nicht alles ist nahe bei ihr. Erst wenn wir sie mit heiligen Gebeten anrufen, ihr mit ungetrübtem Sinn zugewandt sind, in der Geistesverfassung, die für eine Vereinigung mit Gott geeignet sein könnte: Dann erst sind auch wir ihr nahe.

Sie selbst ist an keinem Ort so zugegen, als ob sie von irgendeinem anderen Ort abwesend wäre – oder als ob sie sich von einem Ort zu anderen Orten hinüberbegeben müsste. Auch wenn wir von ihr sagen wollten, dass sie in allen Wesen sei, bliebe unsere Rede doch eben weit hinter der Unendlichkeit zurück, denn diese übersteigt alles und umschließt alles. So wollen wir uns mit unseren Gebeten durch höheren Aufblick zu den grundgöttlichen und grundgütigen Strahlen zu erheben suchen.

Ein Gleichnis! Wenn eine lichtstrahlende Kette in den Höhen des Himmels befestigt wäre und bis zu uns herniederreichte, und wenn wir diese Kette mit immer abwechselnd greifenden Händen immer weiter hinauf erfassten, so könnte es scheinen, als ob wir sie herabzögen – in Wirklichkeit brächten wir sie aber nicht herunter, da sie ja oben und unten zugleich ist, sondern wir selbst würden zu dem höheren Glanz der Licht spendenden Strahlen immer weiter hinaufgehoben. Oder ein anderes Beispiel: Wenn wir ein Schiff bestiegen hätten und von da aus nach den Tauen greifen wollten, die etwa um irgendeinen Felsvorsprung geschlungen dieses Schiff durch ihre Spannung festhielten, und wir begännen nun, sie langsam gegen uns heranzuwinden, dann würden wir wohl nicht den Felsen zu uns her, sondern in Wirklichkeit uns selbst samt dem Schiff zum Felsen hinziehen. Und noch ein anderes: Wenn einer auf dem Schiff stehend den Uferfelsen wegstoßen will, so wird er gegen den unbeweglich stehenden Felsen gewiss nichts ausrichten, aber sich und das Schiff wohl vom Ufer entfernen, und je mehr er ihn wegstoßen will, umso weiter wird er von ihm weggetrieben werden.[138]

Deshalb muss man vor Beginn jedes Werkes, besonders aber vor einer Lehre über die Offenbarung, mit Gebeten beginnen. Nicht als ob wir die überall und nirgends gegenwärtige Macht Gottes zu uns herzögen, sondern indem wir durch göttliche Erinnerungen und Anrufungen uns hinbegeben und uns mit ihr zu vereinigen trachten.

2.

Vielleicht bedarf es hier auch einer Entschuldigung. Warum – da doch unser berühmter Meister Hierotheus seine Theologischen Grundlehren verfasst hat, in geradezu übermenschlicher Weise und kurz und bündig – warum schreiben wir noch andere Abhandlungen, und so auch diese hier, über die göttlichen Dinge? Genügten denn jene nicht?

Gewiss, wenn jener heilige Mann es für gut befunden hätte, alle Theologischen Traktate selbst auszuarbeiten, und wenn er in solchen Einzelerörterungen den Hauptinhalt der ganzen Offenbarungslehre Punkt für Punkt erklärt hätte, dann wären wir gewiss nicht so weit in unserer Torheit gegangen oder in unserer Verkehrtheit vorgeschritten, zu glauben, dass wir besser erleuchtet und göttlicher als er den Worten der Offenbarung nahezukommen vermöchten, oder dieselbe Wahrheit unnötigerweise zweimal wiederholen sollten,[139] nur um bedachtlos vor uns hinzuschwätzen und dazu noch einem verehrten Freund und Lehrer Unrecht zu tun – sowie uns selbst ins Unrecht zu setzen. Da wir doch durch seine Unterweisungen nächst denen des göttlichen Paulus gebildet worden sind, so würde es scheinen, als ob wir uns widerrechtlich seine herrlichen Lehren und Erklärungen zu unserem eigenen Vorteil aneignen wollten.[140]

Nun hat aber jener Meister die göttlichen Geheimnisse in echter Reife dargelegt und durch klare Definitionen, die oft in einem einzigen Satz sehr viel zusammenfassen, seine Lehren für uns aufgestellt und unseren Zielen genau angepasst – sofern wir nämlich Lehrer von Neophyten sind. Er gab uns dazu den Auftrag, die gedrängten Zusammenfassungen und

Schlussfolgerungen seines überaus scharfen Geistes durch Erklärungen und Erläuterungen unseren Hörern näherzubringen. Oft hast ja auch du mich dazu ermuntert und eines seiner Bücher als »überaus trefflich« wieder an mich zurückgesandt, aber mit der Bemerkung, es sei dir zu schwierig.

Demnach darf ich diesen Mann als einen Lehrer sehr hoher, vollkommen reifer Gedanken den Geistern zurechnen, die erhaben über alle anderen sind, und seine Schriften als eine Art zweiter heiligen Schrift, die sich unmittelbar an die von Gott eingegebenen Bücher anschlössen – nur für Eingeweihte.

Den Hörern freilich, die auf unserer Stufe stehen, mögen die göttlichen Wahrheiten in entsprechender Weise durch uns weitergegeben werden. Aber wenn feste Nahrung nur für die Vollkommenen ist, welche Vollkommenheit mag dann erforderlich sein, um mit ihr auch andere speisen zu können! Mit Recht darf wohl auch daran erinnert werden, dass zu jeder eigenen Auslegung geistiger Offenbarungen oder gar zu synoptischen Belehrungen mittels vergleichender Forschung stets die Kraft eines gereiften Alters erforderlich ist, während das Erlernen der hierzu anleitenden Winke sich nicht für Lehrer und Schüler schickte, die noch auf einer tieferen Stufe des Heiligen stehen.

Darum haben wir mit großer Sorgfalt darauf geachtet, dass wir überhaupt nicht mehr die Hand an Dinge legen, die unser göttlicher Meister bereits in klaren Ausführungen genau gedeutet hat; denn wir wollen nicht dasselbe Schriftwort, das er schon erklärt hat, noch einmal auf gleiche Weise erklären und so in Tautologien verfallen.[141]

Auch bei unserem gottergriffenen Hierarchen – du erinnerst dich – als zur Schau jenes Leibes, darin Ursprung des Lebens und Aufnahme Gottes sich erfüllt hatten, auch wir und er selbst und viele von unseren heiligen Brüdern zusammengekommen waren (unter den Anwesenden sahen wir auch Jacobus, den Bruder des Herrn, und Petrus, die vornehmsten und ehrwürdigsten Spitzen der Theologen), da gefiel es ihnen, dass nach der Schau alle Hierarchen die unbegrenzte Güte und Macht der urgöttlichen Schwachheit[142] preisen sollten. Hierbei übertraf Hierotheus alle anderen Hieronymisten, wie du weißt, als er unmittelbar nach den Theologen auftrat. Er war völlig erschüttert, trat ganz aus sich heraus, erlebte innerlich die Gemeinschaft mit dem, was er pries. So wurde er damals von allen, die ihn kannten oder nicht kannten, als ein Mann erachtet, der von Gott tief ergriffen und ein wahrhaft göttlicher Lobpreisender sei. Aber was brauche ich dir die Dinge zu wiederholen, die dort in göttlicher Rede besprochen wurden? Wenn mein Gedächtnis mich nicht täuscht, so weiß ich, dass ich oft dich selbst einige Stücke jener gottbegeisterten Lobpreisungen wiederholen gehört habe. So groß war dein Eifer für das Göttliche, dem du nicht nur flüchtig nachgehen wolltest …[143]

3.

Übergehen wir alle jene mystischen Reden, die ja vor der großen Menge nicht auszusprechen, dir aber schon bekannt sind. Doch wie hat dann, als es galt, auch dem Volk einige Einsichten mitzuteilen und möglichst viele zur Kenntnis unserer heiligen Lehre zu führen, Hierotheus die meisten heiligen Unterweiser übertroffen, in der Art, seine Rede der verfügbaren Zeit entsprechend einzuteilen, in der Schärfe seiner Beweisführung, dann durch die Reinheit seines Sinnes und durch andere Eigentümlichkeiten seiner eindringlich heiligen Rede: Nie hätten wir versucht, in eine so große Sonne zu schauen.

So weit sind wir uns wohl unserer Grenzen bewusst. Wir sind überzeugt, dass wir den Geist der göttlichen Dinge weder genügend verstehen noch das über die Gotteserkenntnis Sagbare entsprechend wiedergeben und darlegen können. Weit davon entfernt, bleiben wir hinter der Wissenschaft der heiligen Männer zurück, die in den göttlichen Wahrheiten bewandert sind. Vielleicht hätte uns die heilige Scheu dahin gebracht, über die göttliche Weisheit gar nichts zu sagen – wenn wir nicht die innerste Überzeugung gewonnen hätten, dass es nicht erlaubt ist, die Kenntnis des Göttlichen brach liegen zu lassen, wenn sie uns einmal geschenkt wurde.

Dazu bestimmt uns nicht allein das angeborene Bedürfnis des Geistes, das ja immer in Sehnsucht nach der erlaubten Schau jener Dinge begehrt, welche über das Natürliche erhaben sind. Dazu verlockte auch das schöne Gebot der göttlichen Satzung selbst. Sie versagt uns allerdings, uns zu viel mit dem zu befassen, was über uns ist, denn das übersteigt unsere Würdigkeit und bleibt unerreichbar. Dagegen befiehlt sie uns eindringlich und ohne Unterlass, alles auch anderen mitzuteilen, was uns in unserem Stand zu lernen und weiterzugeben überhaupt gestattet ist.

Hierdurch bewogen, haben wir uns an die Abfassung dieser Schrift gemacht. Wir ermüden nicht in der uns möglichen Erforschung der göttlichen Wahrheiten, und wir erschlaffen nicht. Wir bringen es nicht über unser Herz, die Mitmenschen ohne Hilfe zu lassen, die das über uns Liegende zu betrachten nicht imstande sind, aber danach Verlangen empfinden.

Dabei wagten wir aber nichts Neues einzufügen, wenn wir auch manchmal die von dem wahrhaften Hierotheus synoptisch vorgelegten Sätze in kleinere und den Einzelerklärungen gewidmeten Untersuchungen aufteilen, um sie besser und klarer deuten zu können.

KAPITEL IV

DER URHEBER DES WAHRNEHMBAREN KANN NICHT SELBST WAHRNEHMEN

I.

Doch genug davon – kehren wir lieber zu unserer Abhandlung zurück und beginnen wir endlich, wie angekündigt, mit der Bezeichnung Gottes als des Guten. Untersuchen wir den Namen, den die Verfasser der Schrift vorzugsweise gerade dann der Gottheit beilegen, wenn sie vom Übergöttlichen als der Urkraft sprechen, die vor allem ist und alles übersteigt. Warum nennen sie bei solcher Gelegenheit Gott einfach und schlechthin »den Guten«?

Es scheint mir dadurch das Wesen des Urgöttlichen selbst bezeichnet zu sein, als Güte und Urquell alles Guten, das je war und ist und das je werden kann.

Auch unsere Sonne entsendet ja ihre Strahlen ohne Berechnung und ohne Wahl. Einfach durch ihr Dasein erleuchtet sie alle Wesen, und es hängt nur von deren Eigenart ab, wie und wie stark der Anteil sein wird, den sie am Sonnenlicht werden nehmen können. In ähnlicher Weise wirkt auch das Gute: Viel stärker noch als die Sonne, da Gott ja über jedes Abbild erhaben ist und da alles nur nach Ihm und von Ihm geprägt sein kann – die Sonne ist vergleichsweise dunkel neben Ihm, der durch sein bloßes Dasein alles Seiende mit den Strahlen seiner ganzen ungeteilten Güte beschenkt.[144]

Alle verstehbaren und alle verstehenden Wesen[145] haben nur durch die Güte Bestand, denn nur durch sie erlangen alle Geschöpfe ihren Sinn, und auch alle Kräfte, Handlungen, Beziehungen erhalten nur durch Gottes Güte ihren Sinn; die geistigen Wesen empfangen von ihr allen Daseinsraum und alles Leben – ein Leben, das nie versiegt oder abnimmt. Nur durch die Güte können sie rein von jeglicher Verderbnis bleiben, diese Geistwesen, die Gott von aller Entwicklung befreit hat und die rein sind von Tod, Materie und Zeugung, enthoben allen jenen unsteten Veränderungen, die durch ihr Fließen und Herumziehen, bald dahin, bald dorthin, immer nur neue Gegensätze und Feindschaften in die Welt setzen.

Nur durch Gottes Güte erkennen wir an diesen Wesen ihren unkörperlichen immateriellen Sinn, und als Geister haben auch sie durch Gottes Güte teil an jeglichem Erkennen, das über die greifbare Dingwelt hinausreicht. Das aber ist nur möglich, weil sie selbst durch Gottes Güte unmittelbar von den Ideen der Dinge durchstrahlt werden – und weil auch sie die eigene Erkenntnis weiter an die ihnen verwandten Wesen in Güte vermitteln. Nur die Güte Gottes gibt ihnen Beharrlichkeit, nur von Gottes Güte kommt ihnen ihre Stellung unter den Geschaffenen, ihre Standfestigkeit und ihr eigener Bestand, nur Gottes Güte gewährt ihnen den Genuss[146] jeglichen Gutes.

So gibt sich ihnen allen das Sein und das Glücklichsein nur durch ihr Streben nach der Güte Gottes, von ihr empfangen sie ihre Wirklichkeit. Ihr so viel wie irgend möglich müssen sie sich nachbilden – wenn sie leben wollen – und dadurch nehmen sie selbst gleichsam eine Gestalt des Guten an – und teilen den unter ihnen stehenden Ordnungen von den Gaben mit, die auf sie aus dem Urguten hinüberströmen, wie das göttliche Gesetz es will.

2.

Von der göttlichen Güte her kommt den reinen Geistern auch die Fähigkeit zu, gemeinsam eine heilige Ordnung zu bilden, die ihren Sinn nicht von dieser Welt empfängt; sie bleiben innerlich ungeteilt, auch wenn sie sich gegenseitig durchdringen, sie unterscheiden sich und bleiben doch vereint, sie mischen sich und bleiben doch unvermischt, und auch die Kraft, tieferstehende Ordnungen zu den höheren emporzuführen, auch die fürsorglichen Handlungen der höheren Ordnungen für die geringeren, auch die Bewahrung der Eigentümlichkeiten jeder einzelnen Macht: Alles dies kommt ihnen nur durch Gottes Güte zu. Ebenso jener unwandelbare Reigen des Gleichgewichts in und um sich selbst, ihr Gleichmaß im Streben nach dem Guten, und alles andere, was ich schon in dem Buch über die Eigenschaften und Ordnungen der Engel zu untersuchen und zu klären mich bemüht habe.[147]

So stammt überhaupt alles, was zur *Hierarchie des Himmels* gehört, aus der allverursachenden und alles wie ein Urquell nährenden Güte Gottes, so auch die Reinheit, die den Engeln gemäß ist, so auch die Erleuchtung der Welt und jenseits der Welt, so auch jedes Vollendung schaffende Wirken der Engel und deren eigene totale und absolute Vollkommenheit. Und zuletzt ist ihnen von Gott auch verliehen worden, dass sie sich als gut offenbaren, also durch ihr Bewähren der Güte überhaupt erst selbst in Erscheinung treten – also ganz eigentlich Engel (und das heißt »Künder«) sind, berufen, über das göttliche Schweigen Kunde zu geben, so wie offenbarende Lichter, zu unserer klärenden Erleuchtung an der Schwelle des Heiligtum aufgestellt, um von Dem, der für uns Unerreichbar bleibt,[148] den Menschen doch lichte Kunde zu geben.

Nächst jenen heiligen und geheiligten Geistern sind auch alle Seelen nur durch die übergute urgöttliche Güte bedingt, und überhaupt alles Gutartige, das den Seelen eigentümlich sein mag, wird dadurch erst möglich. Gottes Güte hat auch bewirkt, dass die Seelen vernunftbegabt sind und wählen können, und dass sie ihr wesenhaftes Leben unverlierbar nur in der steten Gegenwart des Guten besitzen. So werden auch sie zum Leben der Engel erhoben, durch diese wie durch gute Führer emporgeführt zur gütigen Urquelle alles Guten, und können dadurch zur Teilnahme an die von der Güte ausströmenden Strahlen gelangen, nach Möglichkeit die Gaben der Güte mitgenießend und überhaupt alles, was schon in unserer Schrift »über die Seele« mitaufgezählt worden ist.

Aber man muss noch weiter gehen. Denn auch wenn wir die nicht mit Vernunft begabten Seelen betrachten, also die – wenn man so sagen soll – vernunftblinden Seelen der Tiere: Es lässt sich wohl zeigen, dass auch sie durch das Gute beseelt und belebt sind, überhaupt alle, welche die Luft durchschneiden oder auf der Erde laufen, über den Boden sich hinstrecken, ihr Leben im Wasser oder in beiden Elementen abwechselnd zubringen, welche unter der Erde versteckt und eingegraben leben, und überhaupt alle, die eine mit Empfindung begabte Seele oder überhaupt Leben besitzen – alle bewegen sich wegen des Guten, drängen sich nach dem Guten.

Auch sämtliche Pflanzen empfangen die nährende und treibende Lebenskraft aus dem Guten. Und endlich hat jedes seelenlose und leblose Wesen überhaupt – soweit es Wesen ist – sein Dasein durch die Güte und ist nur dadurch seines Wesenszustandes teilhaftig geworden.[149]

3.

Wenn aber das Gute über allem Seienden ist – wie dies tatsächlich zutrifft – dann muss erkannt werden, dass es selbst keine Gestalt haben kann und ein selbst nicht Geformtes ist, da es erst dem Formlosen Gestalt und Bildung schenkt: So wird das in sich selbst über alle Wesen Verharrende erst im Wesenlosen zum Wesensübermaß, so wird das Leere zum Vollsten, so wird dies in sich allein Leblose in Wirklichkeit zum Leben erweckt, wird Vernunftloses zur Weisheit, Sinnloses zu überragendem Sinn erhoben. Alles, was durch das Gute zur Formbildung des Formlosen herangezogen wird – was blind und ohne Idee war – erhält Sinn dadurch, dass es durch das Allgute als ein Ideenträger erhoben ist.[150] Sogar das Nichtseiende begehrt nach dem Guten, das über allem Seienden ist, denn es muss ja trachten, irgendwie aus dem bloß Möglichen zur Wirklichkeit zu kommen, diese aber ist nur das Gute, welches gemäß völliger Verneinung aller beschränkenden Eigenschaftsinhalte wahrhaft das über alles Wesentliche ist.[151]

4.

Doch eines ist uns inzwischen entglitten. In unserem Eifer wäre uns fast entschlüpft, dass das Urgute auch die Ursache der Auf- und Untergänge des Himmels ist; denn bleibt nicht auch diese Substanz ohne Zunahme und ohne Veränderung? Woher sonst kämen diese – wenn man so sagen darf – lautlosen Bewegungen des riesigen Himmelsumschwungs und der

Ordnungen der Sterne? Woher ihre Schönheit, ihr Licht, ihre festgefügten Stellungen und die nicht minder festgefügten Bahnen der anderen, der Wandelsterne? Woher der große periodische Umlauf der beiden Leuchten des Himmels, welche die Schrift die Großen« nennt[152] und die immer wieder vom gleichen Ausgangspunkt zum gleichen Zielpunkt unsere Tage und Nächte, Monate und Jahre scheiden und abmessen? Sind sie es nicht, die deren Umlaufbewegungen, die Zeit und die zeitlichen Beziehungen abgrenzen, zählen, ordnen und zusammenschließen?

Und vollends, welche Worte möchte finden, wer versuchen wollte, das Wesen an sich eines Sonnenstrahls zu beschreiben? Das Licht stammt vom Guten und ist ein Bild der Güte.

So wird das Gute auch mit dem Namen »Licht« gepriesen; denn das Urbild offenbart sich in diesem Abbild. Gleichwie nämlich die alles übersteigende Güte der alles überragenden Gottheit von den höchsten und vollkommensten Wesen bis zu den untersten herabdringt und doch über allen ist – denn auch die oberen Wesen können die Überhoheit der Güte nicht überragen, und auch die unteren können aus der Umfassung nicht heraustreten – gleichwie die Güte alles erleuchtet, erschafft, belebt, zusammenhält und vollendet, gleichwie sie allen Wesen ihr Maß setzt, deren Aeon bestimmt und deren Zahl, Ordnung, Umfassung, Ursache und Endziel ist, so erleuchtet auch das strahlende Abbild der göttlichen Güte alle Körper, die an ihr teilnehmen können. Diese große, durch und durch lichte und immer flammende Sonne wirkt also wie ein vielgestaltetes Echo[153] des Guten, sie hat von oben her ihr Licht ausgebreitet und lässt den Glanz ihrer unvergleichlichen Strahlen über die ganze sichtbare Welt dahinfluten, über ihre Höhen und über ihre Tiefen.

Wenn aber irgendein Wesen nicht daran teilnimmt, so ist das nicht eine Folge kümmerlicher oder unzulänglicher Lichtspendung, sondern die Schuld jener Körper, welche wegen der Untauglichkeit zur vollen Lichtaufnahme den Segen der Güte und der Lichtstrahlen nicht für sich nützen können. Ohne Zweifel geht der Strahl durch viele Dinge dieser Art einfach hindurch und beleuchtet statt ihrer das hinter ihnen Liegende; denn es gibt nichts in der gesamten sichtbaren Welt, wohin er nicht dringen könnte, wie es der übergroßen Stärke seines ihm eigentümlichen Glanzes entspricht.[154]

Auch zum Entstehen der sinnfälligen Körper trägt ja der Lichtstrahl bei: Er bewegt sie, nährt sie, lockt und fördert sie zum Leben, vollendet, reinigt und verjüngt sie. Das Licht ist Maß und Zahl der Jahreszeiten, der Tage und all unserer Zeit; denn es ist gerade das Licht, von dem der göttliche Moses sagte, dass es – wenn es auch damals noch ungeformt war – auch jene erste Dreizahl unserer Tage unterschieden habe.[155]

So wie die Güte alles zu sich hinwendet, weil sie als das Ureinheitliche und Einsmachende der Gottheit die Sammlerin aller Zerstreuten ist von Uranbeginn, so strebt auch alles nach ihr, als nach dem eigenen Ursprung und Anfang, nach seinem Halt, nach seiner Vollendung.

Das Gute ist es, daraus alles – wie die Schrift sagt – die eigene Gegenwart gewinnt: Nur weil es von einer vollkommenen Ursache ins Dasein gerufen ist, kann es wirklich existieren. Das Gute ist es, auf welchem alles, was ist, zusammen gegründet bleibt – es wird dadurch, wie auf einem allgewaltig ausgreifenden Wurzelstock aufgepfropft, festgehalten, gestützt, genährt und bewahrt. Zum Guten kehrt sich alles hin, wie zum eigenen, eigentümlichen Ziel für jedes Ding, das existiert. Zum Ziel, das doch alle unterschiedslos begehren,[156] die mit Vernunft begabten geistigen Wesen durch Erkenntnis des Sinns, die mit Gefühl begabten Wesen auf den Wegen des Fühlens und der Sinne, die empfindungslosen Wesen durch die in sie eingesenkte Kraft des Lebenstriebes, endlich auch das Leblose und nur mit einfachem Sein Begabte durch seine einfache Tauglichkeit zur Teilnahme an schlicht beharrender Gegenwart.

In gleicher Weise als ein klares Abbild des Guten einigt und kehrt auch das Licht alles zu sich hin, zieht alles an, was sehen kann, was sich bewegen kann, was Licht in sich aufnehmen kann, was erwärmt werden oder überhaupt von Strahlen berührt werden kann. Daher auch der Name Helios, weil die Sonne alles versammelt hält[157] und auch das Zerstreute zusammenführt. Alle sinnfälligen Dinge streben zur Sonne hin, begehren in irgendeiner Weise nach ihrem Licht – sei es zur eigenen Erleuchtung oder Bewegung oder nur aus Sehnsucht, doch sehen zu können, sei es zur eigenen Erwärmung oder überhaupt zur Erhaltung der eigenen Gegenwart.

Ich will dies aber nicht etwa nach der Lehre der Alten verstanden wissen, so als ob die Sonne selbst Gott oder Schöpfer dieses Weltalls sei und den sichtbaren Umkreis der Dinge nach ihrem eigenen Ermessen regiere. Es ist vielmehr so zu verstehen, dass »von Erschaffung der Welt an die unsichtbaren und unsagbaren Mysterien Gottes dennoch von seinen Geschöpfen erahnt worden sind«[158] (vermöge der geistigen Auffassungsfähigkeit, auch für Unähnliches, die ihnen von Gott verliehen worden ist – und zwar in Seiner Schöpfung, durch Seine Schöpfung). »Sogar Seine Macht und Seine ewige einig Einzige Göttlichkeit wurde uns dadurch offenbar.«

5.

Aber das alles haben wir ja schon in der Symbolischen Theologie behandelt. Hier gilt es jetzt, die Benennung des Guten als »Das Licht« nach ihrem geistigen Sinn zu deuten und zu feiern. Es soll gezeigt werden, warum das Gute auch das Licht des Geistes genannt wird: Weil es nämlich aus allen Seelen die Unwissenheit und den Irrtum vertreibt, sowie das Gute in sie eindringt – und zugleich teilt es ihnen allen vom heiligen Licht mit, klärt ihre geistigen Augen, löst die darüber lagernden Nebel des Irrtums in die Klarheit des Wissens auf, öffnet die Augen derer, denen die schwere Last der Finsternis die Lider zugedrückt hatte, und richtet sie auf. Auch teilt das Gute zuerst nur mäßigen Lichtglanz mit, und erst wenn die Augen gleichsam vom Licht gekostet haben und stärker danach verlangen, gewährt ihnen Gott auch stärkere Teilnahme und lässt die Kräfte des Guten in ihre Herzen strahlen, »weil sie viel geliebt haben« und weil Gott sie immerdar ihrem Streben entsprechend nach oben zieht und die Erhobenen zu weiteren Aufschwüngen fähig macht.

6.

Geistiges Licht wird darum dieses Gute genannt, das, stärker als jedes Licht, alles Licht übertrifft: Es ist ein quellenhafter Strahl. Es ist eine alles überglänzende Lichtfülle. In ihrer schöpferischen Vollkommenheit überstrahlt sie alle, zuerst alle Geister, die über dieser Welt sind, denn sie bleibt immer über alles ausgebreitet und über alles erhaben und übertrifft sie alle. Sie ist Urbild und Anfang und Leitstern des Lichtes.

Als überlichtes Licht birgt diese Quelle alle Gewalt der Licht spendenden Kräfte in sich, denn sie besitzt sie wesenhaft, seinshaft und über alles Wesen und alles Sein hinaus, eben als Quelle und im Voraus. So hält sie auch alle geistigen und vernünftigen Wesen zusammen und verbindet sie mit sich und einander. Gleichwie Unwissenheit es mit sich bringt, dass die Irrenden sich voneinander trennen, so ist es das Eigentümliche des geistigen Lichtes, durch seine bloße Anwesenheit alle, die es erleuchtet, zu sammeln, einander ähnlich und einig zu machen, sie in Eines zu vereinigen und so zu vervollkommnen.

Das Licht des Guten hat die Kraft, alle Geister und alle Denkenden von den vielerlei verschiedenen Meinungen abzubringen und über alles Müßige hinweg zum wahrhaften Sein hinzukehren. Aus all den bunten Anschauungsbildern und halben Ähnlichkeiten – oder, besser gesagt, Fantasien – führt das Licht des Guten zu einer einzigen für alle gleichen Wahrheit, Reinheit, Erkenntnis; es sammelt die eingestaltig gewordenen in der Einhelligkeit seiner schöpferischen Strahlung.

7.

Nun wird eben dieses Gute, Lichte, von den Verfassern der Heiligen Schrift auch das Schöne genannt, als Schönheit bezeichnet, als das Liebste und das Liebenswerteste der Welt gefeiert – und wie immer noch die anderen geziemenden Gottesnamen lauten mögen, welche Schönheit bezeichnen, das Verleihen von Schönheit ausdrücken und deren Quelle preisen, die nur reinste, absoluteste, anmutvollste Schönheit sein kann.

Man muss aber das Schöne und die Schönheit voneinander zu unterscheiden versuchen, auch in den alles in Eins zusammenfassenden Ursachen; denn bei allem, was ist, machen wir ja dieselbe Unterscheidung: Wir trennen in Gedanken die Teilnahme und das Teilnehmende. Wir nennen also schön, was an der Schönheit Anteil hat. Schönheit aber nennen wir die Teilnahme an jener Ursache, die alles Schöne eben zu einem Schönen macht. Das Schöne, das über allem Wesen ist, heißt aber Schönheit schlechthin. Diese ist es, die jedem Wesen nach seiner Art etwas von ihrer unerschöpflichen Urschönheit mitteilt,[160] denn sie ist die Ursache der harmonischen Ordnung und des Glanzes aller Dinge.

Auch Schönheit strahlt in der Art des Lichtes über alle Wesen, umglänzt sie und dringt in sie ein, und das bloße Dasein des Strahlenquells bewirkt Mitteilung.[161] Es ruft und lockt immer alle zu sich, weshalb auch der Name *Kalos*, das Schöne, und *Kallos*, der Ruf, fast gleichlautend sind. Auch führt ja das Schöne stets alles in Eins zusammen. Schön wird es genannt, weil es durch und durch schön und überschön ist – weil es immer und in stets gleicher Beziehung und auf gleiche Weise schön ist (denn das Schöne ist eben durch Beziehen und Anziehen schön), und so scheint es kein Entstehen und kein Vergehen zu kennen, kein Zunehmen und kein Abnehmen, weil es nicht nach der einen Seite schön und nach der anderen Seite unschön sein kann, auch nicht bald schön, bald nicht schön, auch nicht für das eine Ding schön und für das andere hässlich, nicht an einem Ort schön und an einem anderen weniger schön, auch nicht für manche schön und für manche andere unschön: »Es wird vielmehr schön genannt, weil es an und für sich selbst und in sich gleichgestaltet immer schön ist« und weil es die Schönheit als Quelle von allem Schönen auf überragende Weise in sich selbst vorausbesitzt.

Im einfachen übernatürlichen Urwesen von allem Schönen hat jede Einzel-Schönheit und jedes Einzelschöne auf eingestaltige Weise sein ursächliches Vorausbestehen. Diesem Schönen verdanken alle Wesen, dass jedes in der ihm entsprechenden Weise schön ist – durch das Schöne bestehen die Harmonie des Alls, Freundschaften und Gemeinschaften. Nur durch das Schöne wird alles geeint. Urbeginn von allem ist das Schöne, wenn wir es so verstehen, weil es sich uns als die hervorbringende und alles bewegende Ursache offenbart, weil es alles durch die Liebe zur Schönheit zusammenhält.

Das Schöne ist auch ein Endabschluss von allem; auch als Endursache und als Endziel ist es liebenswert – denn alles wird um des Schönen willen.

Es ist ferner die vorbildliche Ursache: Nach ihm ist alles bestimmt. Deshalb ist auch das Schöne mit dem Guten identisch, sie sind beide in Gott ein und dasselbe. Nach jeder ursächlichen Hinsicht kann nämlich nun das Schöne und das Gute zugleich erstrebt werden – es gibt kein Wesen, das nicht an beiden zugleich seine gleichen Anteile hätte – beide sind zueinander wie außen und innen.[162]

Ja sogar dies wird meine Rede zu sagen sich erkühnen müssen, dass auch das Nichtseiende am Schönen und Guten teilnimmt! Denn in dem ausgezeichneten Fall, in welchem Nichtsseiendes als das Nichts-Endliches-Seiende, als Verneinung aller Sondereigenschaften, also als stets über alle Wesen bleibende Gesamtheit aller Möglichkeiten verstanden und also in Gott gefeiert wird – als »Nichts-Nicht« – ist es auch seinerseits schön und gut.

Dieses eine Gute und Schöne ist auf eigenartige und einzigartige Weise die Ursache von all dem vielen Schönen und Guten, das es gibt. Von ihm stammen alle wesenhaften Existenzen der Dinge, die Einungen, die Unterscheidungen, die Gleichheiten, die Ähnlichkeiten, die Verschiedenheiten, die Unähnlichkeiten, die Gegensätze und Gemeinsamkeiten im Gegensatz, die Unvermischbarkeiten in der Einung und im Einen, die fürsorglichen Akte der Höherstehenden; von ihm stammt auch der wechselseitig innere Zusammenhang gleichstufiger Wesen, die Hinkehr der Tieferstehenden zu den Höheren, das unbewegliche Bleiben und das Festhalten aller Dinge an allen Dingen, die zu deren Selbsterhaltung dienen.[163]

Von eben daher haben schließlich auch die Gemeinschaften ihren Ursprung, wie sie jedem Wesen angemessen und allen Wesen eigentümlich sind, alle Gemeinschaften, alle harmonischen Aneinanderfügungen, alle unverwirrbaren Freundschaften und Einklänge innerhalb der gesamten Schöpfung, alle ausgleichenden Mischungen innerhalb des Ganzen der von Gott geschaffenen Welt.

Das Schöne bewirkt zuletzt auch die unaufhörbare Verbindung der Wesen, sichert alle niemals versiegende Abfolge der werdenden Dinge, alle irgendwie beständigen Verhältnisse, ja selbst alle Bewegungen der Geister, Seelen, Körper. Stand und Bewegung ist für alle Wesen das Gute und Schöne, das über jedes Stehen und Bewegen erhaben ist und das jeglichem Ding seinen festen Stand anweist und alle ihm entsprechenden Bewegungsfähigkeiten ihm vereint, genau wie es seiner eigenen Art und seinem eigenen Verhältnis zu allen anderen gemäß ist.

8.

Auch den göttlichen Geistern wird Bewegung zugeschrieben – nämlich eine kreisförmige, sofern diese Geister untereinander durch die Bande des Schönen und Guten geeint sind, und durch die unerschöpflichen Erleuchtungen, die ihnen allen daraus kommen, dass dieselbe Kraft sie beseelt. Eine geradlinige Bewegung ist an ihnen zu erkennen, sofern sie in Fürsorge für die tieferstehenden Ordnungen immer weiter getrieben, in gerader Richtung alles durchdringen. Aber auch eine spiralförmige Bewegung, denn trotz ihrer Fürsorge für die schwächeren Wesen verbleiben sie ja stets in ihrer Selbstgleichheit, ohne aus sich jemals herauszugehen. Das ist nur möglich, weil sie die Ursache dieser ihrer Selbstgleichheit unaufhörlich umkreisen – das Schöne und Gute.[164]

9.

Auch die Seele bewegt sich. Für die Seele bedeutet die kreisförmige Bewegung ihr Eindringen gleichsam von außen tiefer in sich selbst, nämlich eine eigengestaltige Zusammenfassung ihrer eigenen geistigen Kräfte, die sie von Abschweifungen bewahrt, sie von der Vielheit aller äußeren Dinge hinwegwendet, zu sich selbst zurückwendet, so dass sie sich im eigenen Seelenbereich zu sammeln vermag, also zuerst im eigenen Seelengrund. Dann, da sie nunmehr eingestaltig geworden ist, strebt sie zu den durch Läuterung geeinten Mächten empor, zu den Engeln, und lässt sich von ihnen zum Schönen und Guten leiten, das über allen Wesen ist, stets Eines, stets Dasselbe, ohne Anfang und ohne Ende.

Spiralenförmig wird die Seele bewegt, insofern sie ihrer Natur gemäß von göttlicher Erkenntnis erleuchtet wird, und zwar nicht auf direkte geistige und geeinte Weise, sondern durch diskursive Schlussfolgerungen, gleichsam durch Gegensätze, die aufeinander abzustimmen sind, also durch gemischte und gegenständlich abwechselnde Tätigkeiten.

Die geradlinige Bewegung der Seele endlich ist jene, in welcher sie weder in sich selbst sich vertieft (denn das wäre, wie gesagt, die kreisförmige Bewegung) noch auch dialektisch aufnimmt und lernt (denn das wäre die spiralenförmige), sondern lehrend und wirkend in ihre Umgebung hinaustritt – aber auch da lässt sie sich von den Außendingen anregen. Doch alle mannigfachen und vervielfältigenden Symbole führen sie dann wieder zu den einfachen und geeinten Begriffen des Guten und Schönen empor.

10.

Ursache aller drei Bewegungsweisen ist also in diesem ganzen Universum immer nur das Schöne und Gute, das selbst über jedes Stehen, Ruhen, Kreisen und Bewegen erhaben ist. Es bewirkt alles dies sowohl in den Geistern und Seelen als auch in den nur mit Empfindungen begabten Wesen – und es ist noch viel mehr Ursache der Beharrlichkeiten, Stetigkeiten und Festigkeiten jedes Dinges. Das Schöne und Gute ist tatsächlich das Band, das immer alles zusammenhält und zusammenschließt, während alles in Bewegung ist und es selbst über aller Bewegung und auch über aller Stetigkeit erhaben ist. Das Schöne und Gute ist wahrhaftig dasjenige, durch welches, aus welchem, in welchem, zu welchem hin und um dessentwillen alle Stetigkeit und Bewegung in dieser Welt ist; denn nur aus dem Schönen und Guten und nur durch das Schöne und Gute existiert alle Wesenheit, gibt es Sein und Wesen und Gegenwart und Leben – sowohl des Geistes als auch der Seele. Aus ihr stammen die kleinsten, die mittleren und die ungeheuren Größenverhältnisse der Gesamtnatur, alle Maße, alle Entsprechungen und Ähnlichkeiten und Ganzheiten, Teilbarkeiten, Vielfältigkeiten, Verknüpfungen und Beziehungen, das Allein und das Zusammen, die Einheit in der Vielheit, die Vollkommenheiten, Eigenschaften, Qualität und Quantität, die Abstände, die Vergleiche, die Unterscheidungen, Unendlichkeiten, überhaupt jedes Ende, jede Grenze, jede Ordnung, ebenso die Vorränge, Elemente, Gestalten, Wesenheiten und Mächte – das Prinzip selbst jeder Wirksamkeit, jedes Zustandes, jeder Empfindung, ja die Möglichkeit des Bedeutens von Worten, Erkenntnissen, Wissenschaften, Berührungen und Einungen. Alles, was ist, stammt aus dem Schönen und beruht auf dem Guten, wendet alle seine Wesensäußerungen bewusst oder unbewusst auf das Schöne und absichtlich oder unabsichtlich auf das Gute. Alles, was ist und wird, ist und wird wegen des Schönen und Guten. Alles schaut nach ihm, wird von ihm bewegt, wird von ihm zusammengehalten. Um seinetwillen und durch dasselbe und in ihm hat sich jedes vorbildliche Prinzip gebildet, jede vollendende, bewirkende, gestaltende Kraft, jedes Elementare, einfach jede Grundkraft, ja das Prinzipielle überhaupt, sowie jeder Zusammenhalt und jeder Abschluss.

Mit einem Wort: Die Dinge offenbaren immer nur *Möglichkeiten* des Schönen und Guten, jedes ist nur eine seiner vielen Formen – und auch alles, was kein Sein hat, ist überwesentlich im Schönen und Guten enthalten. Das Schöne und Gute ist die Ermöglichung von allem, ist Anfang und Ende von allem, und bleibt zugleich über jedem Anfang und über jeder Vollendung. Aus ihm und durch ihn und in ihm und zu ihm hin ist alles, wie die Heilige Schrift sagt.[165]

Alle Wesen streben also nach dem Schönen und Guten, lieben es, sehnen sich nach ihm, teils mit Verlangen, teils mit dem Bedürfnis des Schenkens. Von ihm getrieben und um seinetwillen werden die Wesen zueinander hingezogen, liebt Schlechteres das Bessere, kehrt sich ihm zu, während die gleichartigen Wesen einander um seinetwillen ihr Innerstes öffnen, einander teilhaben lassen an der gemeinschaftlichen Ordnung, an gemeinschaftlichem Gut. Um seinetwillen lieben auch die höheren fürsorglich die niedriger Geschaffenen, und so lieben alle im Streben nach Selbsterhaltung auch den eigenen Wert. Was immer die Wesen tun und wollen, sie tun und wollen es alle im Streben nach dem Schönen und Guten. Wahrhafte Rede kann sogar kühn zu behaupten wagen, dass es das Übermaß des Urschönen und Urguten ist, welches den Urheber von allem veranlasst, alles zu lieben, alles zu machen, alles zu vollenden, alles zusammenzuhalten, sich allem zuzuwenden und alles zu sich zu wenden – und dass auch die göttliche Liebe gütig ist durch die Gutheit des Guten.

Die Liebe, die in allem Seienden das Gute bewirkt, lebt und wirkt ja im Guten selbst schon überschwänglich voraus, leidet nicht, dass das Gute ohne göttliche Hervorbringung unfruchtbar in sich selbst verbleibe und bewegt den göttlichen Urheber, erregt seine Liebe, dass Er sich schöpferisch entfaltet in seiner ganzen Überfülle allschaffender Kraft.[166]

11.

Doch niemand soll glauben, dass hier die Bezeichnung Liebe etwa im Widerspruch mit der Heiligen Schrift gebraucht werde; denn es ist, wie ich denke, nicht vernünftig, sondern es wäre absurd, nur auf die Ausdrücke einer Rede zu achten und nicht auf die Bedeutung dessen, worauf sie abzielt. So machen es die nicht, welche das Göttliche zu erkennen wünschen. Einen solchen Fehler würden nur Menschen begehen, die weiter nichts als leere Laute in sich aufnehmen und nur diese äußerlich festhalten, weil sie nur deren Klang ohne Sinn bis in ihre Ohren dringen lassen, aber weiter nicht, und nicht einmal wissen, dass menschliche Rede auch einen Sinn haben kann. Solche Menschen wollen freilich nicht wahrhaben, was eine Redewendung bedeutet und wie man sie durch andere, ähnliche andeutende Redewendungen aufhellen kann und klären muss. Solche Leute bleiben dann wohl auch an sinnleeren Buchstaben kleben, an Schriftzeichen, unverstandenen Silben oder Wörtern, die überhaupt nicht bis in den verstehenden Teil ihrer Seele eindringen. Alles summt bei ihnen nur von außen um Lippen und Ohren herum.

So als ob man uns verbieten wollte, die Vierzahl auch durch zweimal zwei zu bezeichnen oder durch zwei und zwei, oder gerade Strecken als ungekrümmte oder rechtlinige, oder den mütterlichen Nährboden als das Vaterland, oder irgendetwas anderes dieser Art, was vermittels des Reichtums unserer Sprache etwa ein und dasselbe bedeuten mag. Wir dürfen nie vergessen: Wenn wir die Sache recht betrachten, so bedienen wir uns der Buchstaben, Silben, Redewendungen, ganzen Schriften und ganzen Reden immer nur aufgrund von Sinneswahrnehmungen, die einen Sinn bedeuten – denn solches gebietet uns die Vernunft. Sobald unsere Seele in geistige Wirksamkeit tritt und sinnlich Wahrnehmbares nach einem geistigen Sinn ausdeutet, dann fallen auch die Wahrnehmungen der Sinne und deren Gegenstände von ihr wieder ab und werden überflüssig – so etwa wie auch die geistigen Fähigkeiten des scharfsinnig schießenden Verstandes überflüssig werden, sobald die Seele, von Gott gerufen und gottähnlich geworden, durch unfassbare Einigung mit den Strahlen des ewig unzugänglichen Unerschaffenen Lichtes sehend wird und ohne Augen wahrnimmt.

Solange aber der Geist sich noch bemüht, durch das Mittel sinnfälliger Dinge zu den Erkenntnissen des Sinns zu gelangen, solange müssen auch immer die klarsten Vermittlungen durch die Sinne allen anderen Versuchen vorgezogen werden, die deutlicheren Worte, die schärfer umrissenen Gegenstände unseres Schauens ausgewählt werden, denn wenn schon die vor unseren Sinnen offenliegenden Dinge nicht deutlich geschaut werden und nicht sprachlich klar beschrieben sind, dann vermögen wir auch nicht, die sinnfälligen Gegenstände gehörig ins Geistige zu übertragen und richtig zu deuten. Damit es nicht den Anschein erwecke, als ob wir den Heiligen Schriften Gewalt antäten, während wir all dies sagen, so mögen alle die, denen der Name Eros für jedes Lieben anstößig erscheint, auf die Schrift selbst achten: »Liebe sie, und sie wird dich behüten, umwandle sie schützend, und sie wird dich erhöhen; ehre sie, damit sie dich umarme«[167] und so viele andere Stellen der Schrift, in denen der Name Gottes als Liebe gepriesen ist.

12.

Einigen unserer heiligen Lehrer schien sogar der Name Eros, Amor, zur Bezeichnung göttlicher Liebe noch heiliger zu sein, als der Name Agape, *dilectio* (denn der Trieb zur Vereinigung ist eben viel mehr als nur ein ehrfürchtiges Bewundern). Der heilige Ignatius schreibt: »Meine Liebe ist gekreuzigt.«[169] Und in den einleitenden Schriften der heiligen Bücher wirst du eine Stelle finden, darin über die göttliche Weisheit gesagt ist: »Ein Liebender ihrer Schönheit bin ich geworden.« So wollen wir denn diesen Namen Eros nicht länger scheuen, und es soll uns auch kein Einwand der Ahnungslosen erschrecken oder verwirren. Mir scheint vielmehr, dass die Verfasser der Heiligen Schriften zwar den beiden Namen Eros und Agape – Liebesverlangen und liebende Mitteilsamkeit – einen gemeinsamen Sinn beilegen, aber wenn sie diese Worte für die Gegenwart Gottes gebrauchen, dann betonen sie, dass es sich in beiden Fällen um die wirkliche göttliche Liebe handele. Daran müssen sie erinnern, weil eben die Vorurteile der meisten Menschen absurd sind.

Wenn Gott unter dem großen Namen »wirkliche Liebe« gepriesen wird – nicht etwa bloß in unserem armseligen Gestammel, sondern in den Heiligen Schriften selbst – dann kann es eben die törichte Menge nicht gleich erfassen, dass zu Gott und in Gott das Liebesverlangen stets die Gestalt des Einsseinwollens annimmt und dieser Name hier nicht ein sinnliches Einsseinwollen bezeichnet, sondern das universale göttliche Einssein, Ungeteiltsein, Vollkommensein und Vollkommenmachen – während die armselig sinnlichen Menschen sofort an jenes andere »Einssein im Geteilten« denken, das ihnen allein vertraut zu sein scheint, jenes unechte Lieben in Beziehungen, im zertrennten Eros der sinnlichen Täuschung, oft nur körperlich, und immer allen Irrungen und Unvollkommenheiten unterworfen. So freilich liebt Gott nicht und so liebt man Gott nicht – aber in solchen Fällen handelt es sich doch gar nicht um echten Eros, sondern nur um erotische Täuschung, um ein Schattenbild oder vielmehr um einen Abfall vom wahren Eros. Für die Menge ist das Einsgestaltige des wahren göttlichen Eros unfassbar. Nur darum wird dieser Name auch – um die unwissende Menge allmählich dennoch hinzuführen – zwar selten von Gott, aber desto öfter von der göttlichen Weisheit gebraucht. Philosophie! Weisheit wird also geliebt! Das schließt jenes Missverständnis aus und kann die Menschen auf die Wege der Wahrheit leiten.

Für die Beziehungen unter uns aber, in denen übrigens die erdhaft gebundenen Menschen oft auch das Ungehörige wittern, findet sich der dem Anschein nach mildere, verwaschene – euphemistische – Ausdruck Agape, liebende Mitteilungsbereitschaft, die auf Ehrfurcht vor der anderen Person beruht. Sagt doch einer sogar: »Die liebende Verehrung für deine Person überfiel mich wie Frauenliebe.«[170]

Für alle jene aber, die in rechter Art auf das Göttliche achten, wird von den Verfassern der Heiligen Schriften der Name Eros und der Name Agape gemäß den heiligen Offenbarungen in ein und derselben Bedeutung verwendet – göttliche Liebe. Eros besitzt in der Tat eine im Guten und Schönen einigende, bindende und vorzüglich vermischende Kraft.

Im Guten und Schönen beruht diese Kraft des Eros, sie geht dort aller Schöpfung voraus, denn die Liebe ergießt sich aus dem Schönen und Guten wegen des Schönen und Guten, sie hält das Gleiche in gemeinsamer Berührung zusammen, sie bindet das Ungleichartige durch Fürsorge und Hinkehr, schmiedet es durch Geben und Glauben, durch Fühlen und Nachfolgen immer fester zusammen.[171]

13.

Die göttliche Liebe führt aber auch zur Entrückung.[172] Sie duldet nicht, dass der Liebende bei sich selbst bleibe. Er tritt gleichsam aus sich heraus und gehört nur noch dem Ziel seiner Liebe. Die höheren Wesen zeigen dies dadurch, dass sie Fürsorgende für die Tieferstehenden sind, die Gleichen durch Zusammenwirken, die untergeordneten durch gläubige Hinkehr zu den göttlicheren über ihnen.

Deshalb ruft auch der große Paulus mit gotterfüllter Stimme – da er im Bann der göttlichen Liebe steht und ihrer ekstatischen Kraft teilhaftig geworden ist: »Nicht ich bin es, der hier noch lebt, sondern Christus wirkt in mir.«[173] So spricht er als ein wahrhaft Liebender, der aus sich heraus zu Gott getreten ist – wie er selbst sagt – und der nicht mehr sein eigenes Leben, sondern nur das der aktiv Liebenden lebt, als ein überaus geliebtes Leben.

Aus Liebe zur Wahrheit müssen wir nun auch dies noch zu bekunden wagen, dass sogar der Urheber der Welt nur durch die schöne und gute Liebe zum All aus sich heraustritt, bewegt von der Überfülle seiner liebenden Güte, angezogen durch die Akte der eigenen Vorsehung, die sich auf alle von ihm in Liebe geschaffenen Wesen erstreckt – gleichsam von der eigenen Güte, Liebesgesinnung und Liebesglut immer weiter in die eigene Vorsehung geleitet.[174] Denn wird Er nicht tatsächlich aus Seiner alles überragenden Höhe – in welcher Er allein entrückt bleibt – in ekstatischer Kraft, die jenseits von allen Wesenhaften und Geschaffenen ihren Ursprung hat – zur Tiefe aller Dinge hinabgerufen, ohne dabei je aus sich herauszugehen?

Deshalb nennen ihn auch die in göttlichen Dingen nicht ahnungslosen Männer einen Eiferer. Erweist Er nicht tatsächlich die gute Liebesglut seines Eros zu allen Wesen, in unerschöpflichen Maßen? Entzündet Er nicht die erotische Sehnsucht nach Ihm, entfacht sie zum Eifern, stellt sich ihr selbst dann als Eiferer dar, dem das Begehrte ein Gegenstand des Eiferns wäre und der alle Gegenstände seiner Fürsorge eifernd liebt.

Im Schönen und Guten ist das Geliebte und das Liebende bereits mitgesetzt, im Schönen und Guten ist beides schon vorbegründet, im Schönen und Guten ist es enthalten, als Wirklichkeit, als Ursprung und als Gegenwart.

14.

Was wollen aber die Theologen damit sagen, wenn sie Gott bald aktive Liebesleidenschaft nennen, Eros, oder aktive Liebesfürsorge, Agape, bald Gegenstand der Liebessehnsucht, Eraston, und bald Agapeton, das würdige Ziel der Liebesverehrung?

Gott ist in dem einen Fall als der Urheber gepriesen, als Hervorbringer und Erzeuger der liebenden Leidenschaft – im anderen Fall als ihr Ziel. Das allein würdige Ziel, der Gegenstand unserer Sehnsucht, das ist Er durch sich selbst, in sich selbst. Es ist Liebe, was Ihn bewegt, und weil Er wert der Liebe aller Kreatur ist, bewegt Er alle Kreatur.

Er ist der Hervorbringer und Beweger Seiner selbst durch Sich selbst. In diesem Sinn nennen ihn die Verfasser Heiliger Schriften liebenswert und zur Liebe uns anreizend, und nennen Ihn schön und gut. Aber sie nennen Ihn auch Ursprung – oder Personifizierung – der Liebesleidenschaft und der Liebesfürsorge, sofern Er zugleich auch die bewegende und zu sich selbst emporführende Kraft ist, das einzige Schöne und Gute, das durch sich selbst schön und gut ist, gleichsam als Offenbarung seiner selbst, durch sich selbst.

Gott muss aber auch als die gütige Hervorbringung jener Einheit verstanden werden, welche alle Schöpfung übertrifft, weil sie vor aller Schöpfung ist. Dieses Hervorbringen selbst ist die überaus einfache Bewegung der liebenden Sehnsucht, die sich aus sich selbst und um ihrer selbst willen bewegt, im Guten und Schönen enthalten ist, weil sie vor allem Guten und Schönen war, und weil das Gute und Schöne nur durch sie geworden ist, was es ist, und sich nunmehr zu ihr zurückwendet als zu seinem Ursprung und zu seiner Vollendung.

Auch hierin zeigt wieder der göttliche Eros das Endlose und Anfanglose seiner leidenschaftlichen Natur, und zeigt es auf vorzügliche Art: Gleichsam in einem ewigen Kreisen um das Gute und Schöne, aus dem Guten, im Guten und zum Guten und Schönen hin, in nie irrendem, schwingendem Umlauf, ohne je das eigene Wesen zu verlassen, und doch aus ihm immer wieder hervortretend, verweilend und immer zurückkehrend.[175]

Diese Lehren hat auch unser berühmter heiliger Weihespender mit göttlicher Kraft in seinen Liebeshymnen vorgetragen. Es ist hier wohl der Ort, ihrer zu gedenken und damit dann auch unsere Rede über den Eros abzuschließen, gleichsam wie mit einer geheiligten Krone.

15.

AUS DEN EROS-HYMNEN DES HIEROTHEUS

»Lasst uns den Eros verstehen, als sei er göttlich, als sei er ein Engel, als sei er ein Leib, als sei er ein Geist oder als sei er eine geistleibliche sehnende Seele.«

»Lasst uns ihn auch verstehen als die einigende Kraft der Schöpfung, als die allverbindende, als die allvermischende Macht, als den heiligen Anreiz, der alle höheren Wesen treibt, dass sie die Fürsorge für Schwächere übernehmen, der die Gleichartigen lockt, dass sie enger zusammenwirken, in heiligem In- und Miteinander, und der die Schwächeren zur Hingabe an die Höheren verleitet und ihnen die Hinkehr zu den Übergeordneten süß erscheinen lässt …«[176]

16.

»Aus dem einen Ur-Eros gehen immer wieder die vielen Eroten hervor, sie bilden eine Rangordnung, und wir haben gezeigt, wie beschaffen die Erkenntnisse sind und wie beschaffen die Kräfte, die diesen Eroten ihr Dasein verdanken, und jene, denen diese Eroten ihr Dasein verdanken. Wir zeigten es sowohl an den Eroten dieser Welt als auch an denen über dieser Welt. Wir haben auch geklärt, wodurch die einzelnen Ordnungen und Chöre der für uns verstehbaren und uns verstehenden Eroten ihren jeweiligen Rang erhalten, entsprechend dem jeweils gesetzten Ziel: Ebenso, wodurch die göttlich sich selbst verstehenden und göttlich ihres schöpferischen Geistes bewussten Eroten höher sind und stärker wirken als jene, die nur unbewusst durch ihre wahrhafte Schönheit alles zum Mitschwingen bringen, was ihrer ansichtig wird.

Das alles ist von uns geschildert worden, so wie es in der Ordnung der Dinge war. Jetzt aber wollen wir wieder zurückgreifen und alle Eroten auf den einen zusammengeschlossenen Ur-Eros zurückführen. Von der Vielheit ausgehend, finden wir alle Vielfalt liebender Schöpfersehnsucht im gemeinsamen Vater von allem vereinigt. Auf diesem Wege unterscheiden wir zunächst zwei große Gruppen der gesamten Eros-Kräfte.[177] Über diesen schwebt, sie beide bedingend, die unfassbare Ursache des über alles erhabenen Gesamt-Eros, hat den Vorrang über sie, herrscht über sie. Zu ihm strebt alles Geschaffene entsprechend der Natur jedes Einzelnen empor und vereinigt sein Streben mit allen anderen Einzel-Eroten zum höchsten umfassenden Gesamteros.«

17.

»So wollen wir auch diese Liebeskräfte in Eines zusammenschauen, da es doch diese eine, einfache, gewisse und allumfassende Liebeskraft gibt. Selbstbewegt und selbstbewegend, selbstruhend und den festen Grund der Ruhe für alle erst schaffend, tritt diese Urkraft zwecks ersehnter Einigung und Vermischung aus dem Urguten hervor, dringt bis zur äußersten Peripherie aller Wesen heraus – und von da wieder zurück, der Reihe nach durch alle Wesen bis hinauf zum Urguten an sich, aus sich, durch sich und in sich ewig in heiligen Kreisen schwingend, um immerdar in gleicher Weise schöpferisch alles mit einenden Wellen zu umschlingen.«[178]

18.

Vielleicht möchte hier jemand einwenden[179]: Wenn alles, was ist oder nicht ist, nach dem Schönen und Guten sich sehnt, nach ihm strebt und es liebt – denn auch das Nichtseiende (im Sinne des Noch-nicht-Bestimmten, also den Möglichen) drängt, wie gesagt, nach dem Schönen und Guten und müht sich, auf irgendeine uns unbekannte Weise, um sich in ihm zu verwirklichen, denn es selbst, das Noch-nicht-Wirkliche, ist ja das formgebende Prinzip für alles Formlose. Darum wird auch das Nichtseiende im Guten und Schönen mit ausgesagt, als das über alles Wesen schwebende Mögliche, und hat also auch ein Sein – wenn also alles, was ist oder nicht ist, nach dem Schönen und Guten sich sehnt, nach ihm strebt und es liebt, wie ist es dann möglich, dass das Heer der bösen Dämonen nicht auch nach dem Schönen und Guten sich drängt, sondern vielmehr, an die niedere Materie gefesselt, seine einstige Gleichheit mit den Engeln im Wetteifer nach dem Guten und Schönen verloren hat, sich selbst und allen anderen zur Ursache allen Übels wird, zum Anstoß für alles, wovon immer ausgesagt werden mag, dass es ein Übel sei?

Wie kann denn die ganz und gar aus dem Guten ins Dasein gerufene Schar der Dämonen aller Ähnlichkeit mit dem Guten beraubt sein? Wie hat sich Gutes, aus dem Guten geschaffen, so verändern können? Was hat es zum Übel gemacht, wer hat es in Übles verwandelt?

Und was ist das Böse überhaupt? Aus welchem Urprinzip stammt es und in welchen Dingen findet es sich? Wie wollte der Gute es ins Dasein rufen, wie konnte er es – selbst wenn er wollte – und wie hat er es wollen können?

Wenn aber das Übel aus irgendeiner anderen Ursache stammt – welche andere Ursache für alle Dinge gibt es denn überhaupt außer dem Guten und Schönen?

Wie hat das Übel überhaupt Existenz, da es doch eine Vorsehung gibt? Wenn es überhaupt hat werden können, wieso hat Gottes Allmacht es noch nicht beseitigt? Wieso begehrt irgendein Wesen, entgegen dem Guten, nach dem Bösen?[180]

19.

Ohne Zweifel, dies wird ein Unaufgeklärter vorbringen müssen, solange er die zureichende Antwort auf diese Frage nicht kennt; und wir werden von ihm nur verlangen können, dass er den Tatsachen selbst ins Auge sehe.[181]

Wir werden uns zunächst erkühnen, hierzu Folgendes festzustellen: Das Übel stammt nicht aus dem Guten; denn wenn es aus dem Guten stammte, so wäre es – schon seiner Wesensbestimmung nach – kein Übel. Dem Feuer ist es nicht möglich, zu kühlen. Ebenso wenig ist es dem Guten möglich, das Nicht-Gute hervorzubringen. Wenn es wahr ist, dass alle Wesen aus dem Guten stammen – denn das Gute ist ja seiner Natur nach nur fähig, hervorzubringen und zu bewahren, nicht aber zu verderben und zu zerstören; dies ist genau die Natur des Bösen – dann kommt kein einziges Wesen je aus dem Übel.

Auch an und für sich selbst ist das Übel gar nicht existenzfähig, da es ja auch für selbst ein Übel wäre und sich selbst zerstören müsste.[182]

Wenn aber dem nicht so ist – wenn das Übel nicht sich selbst zerstört – so kann offenbar kein Übel in jeder Beziehung immer ein Übel sein, sondern muss irgendwie auch Anteil am Guten haben – wodurch es überhaupt existiert.

Alle Wesen verlangen nach dem Schönen und Guten, alles, was sie tun, wirken sie wegen des Schönen und Guten, sofern es ihnen nämlich als solches erscheint!

Jegliches Hinziehen hat zum Ausgangs- und Endpunkt immer nur das Gute – kein Ding kann bei all seinem Wirken ein Absehen auf die Natur des Bösen richten. Wie kommt also das Übel in die Wesen oder – wenn das Übel als solches überhaupt ein positives Sein haben sollte – wie können Wesen des Strebens nach dem Guten beraubt werden?

Wenn ferner alles Seiende aus dem Guten stammt, und das Gute über alles Seiende hinausliegt, so ist im Guten auch das Nichtseiende ein Seiendes, das Übel aber kein Seiendes, außer es ist nicht in jeder Beziehung ein Übel, und auch kein vollständig Nicht-Seiendes. Ein ganz und gar Nichtseiendes, das nicht an die Gesetze des Möglichen gebunden wäre, gibt es nicht – falls man es nicht im Guten finden wollte, nämlich in dessen Bereich, der über alle Wesen und über alle Wirklichkeit hinausreicht (und das wäre eben das Mögliche).

Das Gute wird also eine viel höhere Stellung einnehmen als das einfach Seiende, und auch eine höhere als das Nichtseiende.

Das Übel aber ist demnach weder in den existierenden noch in den nichtexistierenden Dingen, sondern vom Guten noch weiter entfernt als das Nichtseiende; denn es ist ihm fremdartig, entgegen, also auch viel wesenloser als alles Nichtseiende.

»Aber woher kommt dann das Übel?« So wird der Nichtwissende zu fragen nicht ablassen. Denn, so muss er schließen, wenn das Übel nicht vorhanden wäre, dann wären auch Tugend und Laster das Gleiche. Sowohl der ganze Bereich der Tugenden müsste dann eins mit dem ganzen Umfang des Bösen sein, und ebenso wäre jede einzelne Tugend völlig gleichwertig mit dem betreffenden Laster, das ihr gerade entgegengesetzt ist! Oder es würde vielleicht nicht einmal das Übel im Kampf mit irgendeiner Tugend liegen.

Dennoch bilden Ehrbarkeit und liederlicher Lebenswandel, Gerechtigkeit und Ungerechtigkeit und anderes. vollkommene Gegensätze. Ich möchte das auch nicht etwa nur vom besonderen Menschen sagen, vom gerechten und ungerechten, vom ehrbaren und liederlichen im ganz eigentlichen Sinn. Sondern vor allem äußerlich hervortretenden Unterschied des tugendhaften und des dem entgegengesetzten Lebens, und schon vor ihrem Bewusstwerden in irgendeiner Seele selbst sind die Tugenden bereits von den Lastern vollständig geschieden, kämpfen schon viel früher die Leidenschaften ihren Urkampf wider die Vernunft. Notwendigerweise wird man also zugeben müssen, dass es doch ein Übles gibt, ein dem Guten entgegenstehendes Böses; denn niemals kann das Gute sich selbst entgegen sein, im Gegenteil, da es von einem einig einzigen Urprinzip und einer einzigen Ursache herstammt, kann es sich nur am Einen freuen und an der Gemeinschaft, am Zusammenwirken, an Bündnis und Freundschaftsband.

Nicht einmal das geringere Gute ist ja ein Feind des größeren Guten, so wie etwa das Minder-Warme oder -Kalte der größeren Wärme oder Kälte nicht feindlich ist. Mithin ist das

Böse in den Dingen selbst und hat ein Sein und ist dem Guten feindlich entgegengesetzt. Wenn es dann ein Zugrundegehen von Dingen gibt, so verdrängt auch diese Tatsache das Übel nicht aus dem Dasein, es muss vielmehr selbst ein eigenes Dasein haben und wird also auch das Entstehen von Dingen bewirken können.

Oder trägt nicht oftmals das Verderben des einen Dinges zur Entstehung eines anderen Dinges bei? Auch zur Vollendung des Universums müsste dann das Übel mitbeigetragen haben, indem es durch sein Dasein dem Weltall die Unvollkommenheit benimmt.

20.

Die wahre Beweisführung[183] wird darauf zu erwidern haben: Das Übel bewirkt keinerlei Sein und auch keinerlei Werden, sofern es ein Übel ist. Dessen Rolle besteht immer nur im Verschlechtern und Verderben. Wenn jemand behauptet, das Übel bewirke Entstehen und könne durch Zerstörung des einen Wesens einem anderen Wesen zum Werden verhelfen, so lautet die richtige Antwort: Nein, nicht insofern das Böse etwas zerstört, kann es ein Entstehen schaffen, sondern als Verderben und Übel kann es immer nur verderben und zum Übel werden. Entstehen und Wesenheit aber findet nur durch das Gute statt, und so wird das Übel wegen seiner üblen Natur Verderben bewirken, wegen des Guten aber auch zu neuem Entstehen verhelfen. Insofern es Übel ist, hat es kein Sein und kann auch kein Seiendes hervorbringen. Durch das Gute aber hat es auch ein Sein und ist gut und bringt Gutes hervor. Es wird also auch nicht ein und dasselbe in ein und derselben Rücksicht gut und böse zugleich sein. Nicht ein und dieselbe Kraft wird im gleichen Sinn zugleich Verderberin und Erzeugerin sein können, weder als selbstwirkendes Gutes noch als selbstwirkendes Böses.

Das absolut Böse hat kein Sein, keine Güte, keinerlei hervorbringende Kraft, keine Fähigkeit, Seiendes und Gutes zu schaffen. Das Gute dagegen bewirkt alles, worin es wirklich eintritt, und macht es vollkommen, zu einem unvermischten, allseitigen Guten. Was aber am Guten weniger Anteil hat, ist auch unvollkommen – ein gemischt Gutes, wegen seines Mangels am Guten. Überhaupt ist das Böse weder ein Gutes noch schafft es Gutes, vielmehr: Was dem Guten mehr oder weniger sich nähert, wird in entsprechendem Maße auch mehr oder weniger gut sein. Die alles durchdringende und allverwandelnde Urgüte aber, die alldurchwaltend Allvollkommene, dringt nicht bloß zu den ganz und gar guten Wesen, die sie umstehen, sondern erstreckt sich weit hinaus bis zu den entferntesten Dingen. Den einen ist sie ganz gegenwärtig, den anderen in vermindertem Grad, anderen nur im äußersten Abstand, je nachdem das einzelne Geschaffene an ihr teilhaben kann.

So hat also einiges ganz und gar am Guten Anteil, die anderen sind damit mehr oder weniger bedacht, entbehren es mehr oder weniger, noch andere genießen eine noch getrübtere Mitteilung des Guten, und wieder anderen wohnt das Gute nur noch inne wie ein schwaches Echo von ganz weit her. Würde das Gute nicht jedes Wesen genau dessen Natur entsprechend erreichen, um in ihm zu wohnen, dann nähme ja das Göttlichste und Höchste nur die äußerste Stelle ein.[184]

Wie wäre das auch möglich, dass alle in gleicher Weise und in gleichem Maß am Guten Anteil haben! Da doch eben nicht alles in gleicher Weise für die Aufnahme des Guten befähigt ist.

Nun ist aber die Macht des Guten von einer so unfassbaren Größe, dass es auch die des Guten entbehrenden Wesen und sogar die seiner selbst ganz beraubten dennoch in den Stand setzt, an ihm teilzunehmen. Wenn man kühn die Wahrheit verteidigen soll, dann muss hier gesagt werden, dass auch noch was dem Guten geradezu widerstreitet, nur durch dessen Macht überhaupt Dasein haben kann, also die Möglichkeit haben kann, gegen das Gute zu kämpfen.

Alles Seiende ist gut, so weit es ist, und stammt aus dem Guten. Soweit es aber des Guten entbehrt, ist es weder gut noch hat es ein Sein. Es ist ja auch bei den anderen Zuständen so, zum Beispiel bei der Wärme oder Kälte: Die erwärmten Gegenstände bleiben bestehen, auch wenn die Wärme von ihnen wieder gewichen ist. Ebenso bleiben noch Wesen bestehen, auch wenn sie die Einsicht verloren haben. Sogar wenn sie das Leben verloren haben, bleiben doch Leichen zurück! Gott selbst aber ist über alle Wesen und über alle Wesenheit überhaupt erhaben. Die geschaffenen Dinge dagegen können zum Teil weiterbestehen und sich noch eine Weile schlecht und recht behaupten, auch wenn ein voriger Zustand der Güte von ihnen gewichen ist oder der beabsichtigt gewesene gar nicht erreicht werden konnte. Was aber in jeder Weise des Guten ganz und gar beraubt ist, das war nie und nirgends, ist ganz und gar nicht, wird niemals sein und kann überhaupt nicht sein.

Wenn zum Beispiel der Liederliche hinsichtlich seiner unvernünftigen Leidenschaft des Guten beraubt ist, so ist er hierin ein Nichts und begehrt nach Dingen, die ein Nichts sind. Gleichwohl aber hat er Anteil am Guten, insofern auch solche Verbindungen und Freundschaften noch ein dunkles, entstelltes, missverstandenes Echo des Guten bilden. Auch der Zorn hat Anteil am Guten, aber eben nur in der Erregtheit und im Streben, ein anscheinendes Übel zum anscheinend Guten zu verbessern. Im Willen, es zu wenden. Auch noch ein Mensch, der nach schlechtester Lebensführung begehrt, erstrebt doch Leben: Nämlich jenes, das ihm das beste erscheint, und insofern hat er auch Anteil am Guten, nämlich am Streben nach dem Leben und an der Absicht, es aufs Beste zu erfüllen. Nimmst du aber alles Gute von ihm hinweg, dann bliebe weder Wesenheit noch Leben, noch Streben, noch Bewegung, noch irgendetwas anderes übrig, was Bestand haben könnte.

Mithin bedeutet auch das sogenannte Werden durch Verderben nicht wirklich eine Kraft des Bösen, sondern nur die Gegenwart eines geringeren Guten, so wie Krankheit zwar eine Unordnung im Gleichgewicht seines Daseins, aber nicht ein gesamtes Ausfallen seiner Ordnung bedeuten kann, denn letzteres wäre mehr als der Tod, und schon wenn dieser einträte, würde die Krankheit nicht mehr fortbestehen. Nun besteht aber Krankheit, also hat sie auch ein Sein: Sie stellt die Schwächung einer Wesenheit dar, und so fristet sie eine untergeordnete Art des Seins weiter, die ihr zu Bestehen erlaubt … Was aber in jeder Beziehung des Guten ganz unteilhaftig wäre, das existiert nicht und findet sich auch nicht in den Dingen. Doch was mit Gutem gemischt ist, das besteht durch das Gute auch in den Dingen weiter und hat insoweit auch in den Dingen ein Dasein, als es eben am Guten einen Anteil hat. Anders ausgedrückt, alle Wesen haben genau in dem Grad Anteil am Dasein, in welchem sie am Guten teilnehmen, die einen mehr, die anderen weniger. Wird doch auch dasjenige, was nirgends und niemals existiert, kein Sein besitzen im Vergleich zu allem, was ist. Dagegen ein Ding, das in einer Hinsicht existiert, in einer anderen Beziehung aber nicht existiert, das hat freilich kein eigentliches Dasein, soweit es von dem Ewig-Seienden abgeglitten ist – aber soweit es am Sein einen Anteil gewonnen oder behalten hat, soweit hat es auch Dasein und vermag auch dieses Dasein samt den ihm anhaftenden Mängeln – also samt einem Nichtseienden – festzuhalten und weiterzubewahren.

Das Übel dagegen, das ganz und gar vom Guten abgefallen ist, wird auch kein Gutes mehr sein, weder in den einen Dingen mehr noch in den anderen Dingen weniger. Was aber nach der einen Seite ruht, nach der anderen nicht gut ist, das lebt mit irgendeinem Guten in Streit, aber nicht mit dem Gesamtguten. Es behauptet sich also selbst, eben durch die Teilnahme an einem Guten, und das Gute verleiht so durch seine gutartige Freigebigkeit auch dem Gegner eines anderen Guten eine Wesenheit. Doch sowie ihm jedes Gute in jeder Hinsicht entschwunden ist, wird dieses Übel überhaupt weder ein Gutes noch ein Gemischtgutes noch auch ein an und für sich Böses sein, sondern wird überhaupt nicht mehr sein.

Wenn nämlich das Böse ein unvollkommenes Gut ist, so wird bei einer vollständigen Abwesenheit des Guten auch das Unvollkommene mit dem vollkommen Guten dahin sein. Nur dann wird also das Übel ein Dasein haben und sichtbar sein, wenn es für die einen Dinge, denen es entgegenkommt, ein Übel ist, an andere Dinge aber sich *anhaftet*, weil sie gut sind.[185] Es ist ausgeschlossen, dass ein und dieselben Dinge in ein und derselben Beziehung miteinander ganz und gar in Widerstreit lägen. Das ist ganz und gar unmöglich. Also ist das Übel überhaupt kein Wesen.

21.

Ebenso wenig ist das Übel ein Teil von existierenden Wesen; denn wenn alle Wesen aus dem Guten stammen und das Gute in allen ist und alles umfasst und überragt, so kann das Übel entweder überhaupt nicht in den existierenden Dingen sich finden oder es muss im absoluten Guten sein. Dort aber ist es auf keinen Fall – ebenso wenig wie im Feuer das Kalte sein könnte – und auch als bloße Verschlechterung kann es natürlich nicht ein absolutes Gutes sein, das ja die Macht und den Willen hat, jedes Böse in ein Gutes zu verwandeln. Übrigens, wenn das Böse im Guten sein sollte, wie wäre es da hineingekommen? Die Annahme, es könnte aus ihm stammen, ist offenkundig absurd und ausgeschlossen. Ein guter Baum kann keine bösen Früchte hervorbringen,[186] wie es in der Schrift heißt. Auch das Umgekehrte ist unmöglich.

Wenn aber das Böse nicht aus dem Guten stammt, so leitet es sich offenbar aus einem anderen Prinzip ab und hat einen ganz anderen Ursprung; denn es kann ja nur entweder das Böse aus dem Guten stammen oder das Gute aus dem Bösen, oder wenn das nicht möglich ist, so müssen beide aus völlig verschiedenen Prinzipien kommen und auch völlig heterogene Ursachen haben.

Doch kann keine Zweiheit jemals ein Ausgangspunkt sein: Jede Zweiheit leitet sich ja aus einer ursprünglichen Einheit ab – nur dies kann ein Ausgangspunkt sein.

Ist es nicht absurd, anzunehmen, dass zwei gänzlich entgegengesetzte Dinge aus einem gleichen und selben hervorgehen und ein Sein haben wollen? Oder dass der Ursprung selbst nicht einfach und einartig, sondern geteilt, zweigestaltig, mit sich selbst in Widerstreit gewesen sei, aus zwei einander uranfänglich verschiedenen Quellen? Unmöglich kann es zwei entgegengesetzte und voneinander unabhängige Uranfänge der Dinge geben, die miteinander im Kampf lagen, weder im Einzelnen noch im ganzen Weltall. Wenn man das zugeben wollte, dann würde auch Gott nicht frei von Leid und Unlust und Kampf sein, da es etwas gäbe, was auch ihm lästig fiele. Alles würde dann voll Unordnung und in einem beständigen Krieg sein. Doch gibt das Gute allen Wesen den Trieb zu Verbindung und Freundschaft ein und wird von den Verfassern der Heiligen Schrift als Friedensspender gepriesen, ja als der absolute Frieden überhaupt.[187] Die guten Wesen sind ja auch alle irgendwie miteinander befreundet und in harmonischer Eintracht: Sie sind Sprösslinge aus einem einzigen Lebenskeim, in einem einzigen Guten einander zugeordnet, einander ähnlich, zu einander milde, gegeneinander freundlich und hilfreich. Darum kann das Böse nicht *von* Gott sein und das Übel nicht *in* Gott wirken.

Aber auch nicht *aus* Gott ist das Böse; denn entweder wäre Er nicht gut – oder Er schafft Gutes, bringt Gutes hervor. Keineswegs ist beides vereinbar, denn es ist unmöglich, dass Gott bald Gutes hervorbrächte, nämlich einiges Gute, bald aber es nicht hervorbrächte und nicht alles Gute ins Dasein riefe. Hierbei müsste Er eine Verwandlung erleiden, sogar eine innere Veränderung, und zwar gleich in Seinem Allergöttlichsten, nämlich in der verursachenden Urkraft. Nun hat entweder das Gute in Gott seine Wesenheit und seinen Ursprung, dann müsste der Schöpfer einer Umwandlung aus dem Guten selbst unterworfen sein, und das hieße, bald gäbe es ihn als Schöpfer und bald gäbe es ihn nicht; oder Gott hätte das Gute nicht als Wesenheit, sondern nur durch

Teilnahme. Dann müsste Er es also von einem anderen haben und es bald besitzen, bald nicht besitzen; und das heißt, nicht Er wäre der Schöpfer.

Folglich ist das Böse auch nicht aus Gott und auch nicht in Gott, weder schlechthin noch zeitweilig.

22.

Auch in den Engeln ist das Böse nicht; denn wenn es wahr ist, dass der Engel, der dem Guten gemäß wirkt, als Künder der Güte Gottes erscheint, da er doch selbst durch Übernahme des Guten und als Vermittler an jenem Guten teilhat, welches der Gegenstand und Zweck seiner Botschaft ist und welches in Gott seinen Ursprung hat, dann ist jeder Engel ein Bildnis Gottes, sichtbar gewordener Widerschein des unsichtbar Unerschaffenen Lichtes, ein reiner, klarster, makellos unbesudelter Spiegel, fleckenlos, da er die ganze Schönheit der unendlich guten Gottähnlichkeit in sich aufnimmt und, wenn man so sagen darf, unvermischt und in ganzer Frische die göttliche Gutheit in sich ein und aus sich wieder ausstrahlen lässt – die Gottheit der im heilig Unzugänglichsten[188] Heiligtum ruhenden Stille. Darum kann das Böse in den Engeln nicht sein.

Aber sie sind doch böse, wenn sie die Sünder grausam bestrafen?

Nach dieser Annahme wären auch alle Erzieher böse, welche die Fehlenden zurechtweisen, und die Priester, welche den Unheiligen und Unreinen vom Heiligen und seinen Mysterien ausschließen. Doch ist das Gestraftwerden nichts Böses. Böse ist nur, dass man eine Strafe verdient. Nicht der

Ausschluss von den Sakramenten ist böse, sondern die Tatsache, dass jemand schuldbeladen, unheilig und ungeeignet für die makellosen Mysterien geworden ist.

23.

Aber nicht einmal die Dämonen sind von Natur böse.

Wären sie nämlich von Natur aus böse, so könnten sie nicht aus dem Guten kommen. Also gäbe es sie dann gar nicht unter den existierenden Wesen. Dann hätten sie sich auch nicht aus guten Geistern in böse verwandelt, da sie ja dann von Natur aus und allzeit immer nur böse wären.

Sind die Dämonen gegen sich selbst böse oder gegen alle oder nur gegen manche Wesen? Wenn sie sich selbst böse wären, dann müssten sie sich selbst zugrunde richten. Wenn aber anderen – wieso wirken sie dann bald verderblich und bald nicht, und was verderben sie? Greifen sie die Wesenheit an oder richten sie die Kraft zugrunde oder vernichten sie die Wirksamkeit?

Angenommen, dass sie die Wesenheit angreifen, so können sie das nicht wider die Natur; denn was von Natur aus unzerstörbar ist – nämlich Wesenheit – das können sie nicht zerstören, sondern eben nur, was eine Zerstörung zulässt, und gerade dieses Letztere wäre nicht für alle und nicht in jeder Beziehung ein Übel. Nichts von den Dingen wird ja zerstört, soweit es zu ihren Wesen selbst gehört, zu ihrer urgeschaffenen Natur, sondern immer nur durch einen Mangel in der naturgemäßen Ordnung hat in ihnen die Grundidee der Harmonie und des inneren Gleichgewichtes nicht mehr Kraft genug, um sie auf der gleichen Höhe zu halten. Diese Kraftlosigkeit anfälliger Wesen ist aber niemals eine vollständige; denn wenn sie vollständig wäre, so würde sie alsbald auch die Verderbnis selbst samt ihrem Träger beseitigen. Eine solche Vernichtung wäre aber die Vernichtung ihrer selbst. Folglich ist das so beschaffene Ding nicht ein Böses, sondern nur ein mangelhaftes Gutes; denn was in jeder Beziehung des Guten ermangelt, das existiert auch gar nicht im Bereich der Wesen.

Die gleiche Folgerung ergibt sich dann auch hinsichtlich der Kräfte und der Wirksamkeit.

Wie könnten auch die Dämonen von Natur aus böse sein? Da sie ihr Entstehen nur Gott verdanken können!

Das Gute ruft immer nur Gutes ins Dasein und gibt nur ihm Bestand.

Hier läge ein erinnernder Zwischenruf nahe: »Immerhin werden die Dämonen böse genannt!«

Gewiss! Aber nicht insofern, als sie ein böses Sein haben, denn auch sie stammen aus dem Guten und haben von Gott eine gute Wesenheit erhalten. Sondern nur insoweit sie nicht sind, nämlich weil sie die Kraft verloren haben, ihren früheren Rang zu behaupten – »so schwach, dass sie nicht einmal mehr die Treue zu ihrem Ursprung bewahren können«.[189] Denn, sage mir, worin werden denn nach unserer Behauptung die Dämonen verschlechtert, wenn nicht im Schwinden ihrer Verfügung über göttliche Güter und der Wirksamkeit ihrer Ausübung?[190]

Weiterhin – wenn die Dämonen von Natur aus böse wären, dann müssten sie immer böse sein. Nun ist aber das Böse unstetig, sonst könnte es gar nicht existieren. Also sind die Dämonen auch nicht böse, wenn sie sich immer auf gleiche Weise verhalten, sondern nur, wenn sie das nicht tun. Nur das Gute ist imstande, immer ein und dasselbe zu sein. Wenn sie aber nicht immer böse sind, so sind sie auch nicht von Natur aus böse, sondern durch Abhandenkommen des den Engeln eigenem Guten. Ganz unteilhaftig aller Güte sind sie aber keineswegs, denn sonst könnten sie kein Dasein haben, nicht erkennen, zumindest nicht die geringste Regung aufbringen. Böse aber heißen sie wegen der Schwäche, mit der sie hinter einem Wirken zurückbleiben, das ihrer Natur entspräche. Das Böse ist also auch für sie selbst ein Abgang des ihnen zukommenden Guten, eine Verkehrtheit, ein Verfehlen des Zieles, ein Unvollständigsein, eine Ohnmacht, eine Schwächung, ein Flüchtigwerden und ein Abfall von der Kraft, die ihnen gegeben war, um die ihnen verliehene Vollkommenheit zu erhalten.

Andererseits – *was* ist denn böse in einem Dämon? Unvernünftige Zorneswut, wahnsinnig gewordene Leidenschaft, jähe überfallende Einbildungen. Mögen solche Eigenschaften auch in einem Dämon tatsächlich vorhanden sein und tatsächlich Böses bewirken, sie sind doch nicht an sich selbst in jeder Hinsicht und bei allen Wesen böse – nur ihr Unmaß ist es.

Es gibt Wesen, bei denen nicht der Besitz dieser Eigenschaften, sondern gerade deren Beseitigung und Verderben ein arges Übel für sie und andere wird, während die Bewahrung solcher Eigenschaften die damit ausgestatteten Lebewesen in ihrem Dasein erhält.

Demnach ist das Geschlecht der Dämonen nicht böse von Natur und Ursprung an, sondern nur insoweit es ihnen an Wesensvollkommenheit gebricht. Nicht das ganze Gute ist verändert worden, das ihnen verliehen war, sondern sie sind es, die von dem ihnen verliehenen Gesamtguten zum Teil abfielen. Wir wollen gewiss nicht von den ihnen verliehenen Gaben der Engelsnatur behaupten, sie seien verändert worden. Im Gegenteil, diese mögen fortbestehen, ihr volles Wesen behalten, ganz hell leuchtend sein – wenn auch die Dämonen selbst dies nicht mehr sehen und fassen können, weil sie krampfhaft ihre Augen verschlossen halten, die doch geschaffen sind, das Gute zu sehen.

Soweit sie überhaupt existieren, sind also die Dämonen aus dem Guten geschaffen und sind auch gut, begehren nach dem Schönen und Guten, da sie doch auch nach dem Sein, dem Leben, dem Erkennen, dem Wesenhaften verlangen. Nur infolge ihrer Mängel werden sie böse genannt; wegen ihrer Schwäche, ihrer Flucht vor ihren wahren Aufgaben, ihrem Abfall vom wahren Guten. Also durch Verlust der ihnen einst gegebenen Güter. Sie sind böse, soweit sie kein Sein besitzen. Sie begehren nach dem Bösen, sofern sie nach Nichtseiendem verlangen.

24.

Wollte jemand behaupten, dass die Seelen böse seien? Etwa aus dem Grund, weil manche von ihnen sich fürsorglich mit bösen Menschen befassen, um sie zu retten? Das ist nicht Böses, sondern im Gegenteil etwas Gutes und stammt aus der guten Absicht, auch Böses noch in Gutes zu verwandeln.

Versuchen wir es aber so zu fassen, als ob die Seelen böse gemacht wurden – worin wären sie denn dann böse, wenn nicht im Verlorenhaben von guten Eigenschaften, im Verlust von Fähigkeiten, in mangelhaftem Tun, im Ausgleiten und Abirren vom Ziel wegen eigentümlicher Schwäche ihres Guten? Wir sagen doch auch von der uns umgebenden Luft, sie sei durch Minderung verdorben oder durch Abwesenheit des Lichtes verschlechtert worden.[191] Das Licht selbst aber ist immer Licht und erleuchtet auch die Finsternis.

Weder in den Dämonen noch in uns selbst ist das Böse so, dass es ein Sein haben könnte. Immer stellt es sich nur da als Minderung, als Abwesenheit, als Abfall von einem vollkommeneren Zustand, als Verderbnis oder Verfälschung eines ursprünglichen Guten.

25.

Ebenso wenig kann das Böse etwa in den vernunftlosen Tieren sein. Wollte man diesen Wesen den Zorn wegnehmen, die blinde Begierde und alle übrigen Eigenschaften, die zwar böse heißen mögen, aber für die Tiernatur nicht einfach böse sind – dann würde zum Beispiel der Löwe seine Kühnheit und Wildheit verlieren und aufhören, ein Löwe zu sein. Der Hund, der gegen alles und jedes zutraulich geworden wäre, könnte nicht mehr Hund genannt werden, denn Sache des Hundes ist es doch, Wache zu halten, einzulassen, was immer zum Haus gehört, alles Fremde aber zu verscheuchen. Also besteht auch für diese Tiere das Übel nicht etwa darin, dass ihnen ihre Natur erhalten bliebe, sondern im Gegenteil im Verderben und Verlieren und Abschwächen von natürlichen Eigenschaften, Wirksamkeiten, Kräften, die anderwärts ein Übel genannt werden.[192] Wenn alles, was entsteht, sich erst mit der Zeit seiner Reife entwickeln kann, so ist auch das Unvollkommene nicht immer ein völliger Widerspruch zu seiner eigentlich angelegten Natur.

26.

Aber auch in der Gesamtnatur ist das Übel nicht. Da alle einzelnen Naturformen[193] von der Gesamtnatur stammen müssen, kann es für diese letztere auch keinen feindlichen Gegensatz geben. Nur für die Einzelnatur wird im Gegenteil das eine naturgemäß sein, ein anderes aber nicht. Also kann etwas für die einen böse und naturwidrig sein, was für die anderen naturgemäß ist, und für diese anderen ist wieder etwas anderes böse und naturwidrig! Das Übel besteht eben in aller Natur nur als Gegensatz zu einer jeweiligen Sondernatur oder als Verlust von zu dieser Sondernatur gehörenden Eigenschaften. Folglich ist die Natur nicht böse und kann es an sich gar nicht sein. Böse ist nur die Unfähigkeit, Eigenschaften zur Vollendung zu entfalten, die naturgemäß gegeben sind und entfaltet werden sollten: Dies ist für die Natur ein Übel.

27.

Noch weniger ist das Böse in den Körpern: Hässlichkeit und Krankheit sind nur Mängel der Gestalt oder der Organe, sind Verluste oder Ausfallerscheinungen in der Ordnung des Seins. Auch das ist nicht in jeder Hinsicht ein Übel, sondern nur ein geringeres Schönes oder geringeres Gutes. Wenn eine gänzliche Auflösung der Schönheit stattfände oder ein völliger Verlust der Ordnung oder der Gestalt einträte, dann ginge der ganze Körper zugrunde.

Aber nicht einmal für die Seele ist der Körper eine Ursache des Bösen (obwohl man dies häufig sagen hört). Das geht schon aus der Tatsache hervor, dass die Bosheit sehr wohl auch ohne Körper Bestand haben kann, ein Parasitendasein zum Beispiel, wie etwa in den Dämonen. Für Geister, Seelen, Körper besteht das Übel gleichermaßen nur in der Schwächung und im Verfall des Zustandes der Vollkommenheit, im Verlust der ihnen eigentümlich angelegt gewesenen Güter und im Abfall von dem ihrem Wesen gesetzten Sinn.

28.

Nicht einmal das sprichwörtlich gewordene Urteil der Menge ist wahr, das Böse beruhe auf der Materie, sofern sie Materie sei (und als solche den Geist herabziehe). Auch das Nur-Stoffliche nimmt Anteil an Ordnung, ist der Schönheit fähig, und seine Form kann Sinn ausdrücken. Beraubt man die Materie solcher Eigenschaften, dann besitzt sie freilich nichts Gestalthaftes mehr – aber wie könnte dann die Materie überhaupt noch etwas wirken, da sie an sich nicht einmal die Fähigkeit des Leidens besitzt?[194] Da Materie doch durch nichts anderes wirken kann als passiv durch Ordnung, Form oder Schönheit?[195]

Wie könnte Materie ein Böses sein? Wenn sie nicht aktiv und als Wesen wirken kann, so ist sie weder ein Gut noch ein Übel. Wenn sie aber irgendeine aktiv wirkende Wesenhaftigkeit besitzt und alles Wesenhafte überhaupt nur aus dem Guten stammen kann, dann muss auch die Materie im Guten ihren Ursprung haben. Also wäre – wenn die Materie das Böse sein sollte – Gutes so beschaffen, dass es Böses hervorbrachte, oder das Böse wäre ein Gutes, da es doch aus dem Guten käme. Oder Böses wäre fähig, Gutes hervorzubringen

– es sei denn, dass man das Gute, weil aus Bösem stammend, als das Böse bezeichnet. Wenn man nicht etwa gar auf zwei voneinander verschiedene oberste Uranfänge kommen wollte, auf zwei Prinzipien, die dann erst recht wieder von einem noch höheren gemeinsamen Urprinzip abhängen müssten.[196]

Sobald man aber auch noch daran erinnert, dass die Materie für Aufbau und Vollendung des Weltganzen notwendig ist – wie kann dann irgendjemand noch behaupten, die Materie sei ein Übel? Denn Übles und Notwendiges ist doch wohl nicht dasselbe?[197] Sollte also das Urgute irgendetwas aus dem Bösen entstehen lassen? Sollte Böse genannt werden, was dem Guten notwendig ist?[198] Wenn doch die Natur des Guten das Böse in die Flucht jagt? Wenn die Materie böse ist, wie erzeugt und nährt sie dann die Natur? Das Böse als solches vermag nichts zu erzeugen, nichts zu ernähren, nichts zu vollenden, nichts zu erhalten.

Darauf wird gewöhnlich erwidert, die Materie schaffe zwar nicht selbst Bosheit in den Seelen, ziehe aber die Seelen zum Bösen hin. Wie kann das richtig sein? Viele Seelen richten doch Blick und Sinn nach dem Guten? Das wäre nicht möglich, wenn schon die Materie selbst unbedingt zum Bösen hinzöge.

Darum kommt das Böse in den Seelen auch nicht von der Materie, sondern nur von etwas Untergeordnetem, Fehlerhaftem, von einem Anstoßen und Sichaufbäumen, von einer plötzlich auftauchenden oder allmählich einsetzenden Unordnung, also von einem Mangel in den Bewegungen einer Seele.

Zuletzt der Einwand, dass die Menschen den Lockungen der Materie blind zum Bösen folgen, sobald es ihnen nicht gegeben ist, sich auf sich selbst zu besinnen, und dass die unbeständige Materie ihnen unentbehrlich sei. Sollte also das Böse notwendig sein und das Notwendige ein Übel?[199]

29.

Auch was wir Mangel oder Fehler nennen, widersetzt sich nicht etwa dem Guten durch eine ihm eigene Kraft; denn vollständiger Mangel ist auch vollkommen kraftlos. Teilweisem Mangel eignen Kräfte auch nicht, insofern er ein Mangel ist, sondern im Gegenteil, sofern er noch nicht vollständiger Mangel geworden ist. Solange aber der Mangel an Gutem nicht vollständig ist, verdient er nicht, ein Übel genannt zu werden, wird aber der Mangel vollständig, dann ist das Wesen des Übels dahin.

30.

Fassen wir zusammen: Das Gute stammt stets aus der einen allumfassenden Ursache der Welt – das Böse stets aus vielen und immer nur unvollkommenen Mängeln. Gott kennt das Übel, sofern noch Gutes daran ist, und durch Ihn werden die Ursachen des Übels in Kräfte verwandelt, die zuletzt Gutes erwirken.

Angenommen, das Böse sei ewig, schöpferisch, besitze Kraft, Wesen, Wirksamkeit: Woher käme ihm dies alles? Etwa aus dem Guten? Oder käme das Gute aus dem Bösen? Sollte es für jedes von beiden aus einer anderen Ursache stammen und es dann zwei verschiedene Uranfänge in der Welt geben?

Alles, was der Natur gemäß ist, wird aus einheitlich bestimmten Ursachen erzeugt – im Allzusammenhang der Schöpfung. Wenn aber das Böse außerhalb dieser Verursachung und Beziehung steht, dann ist es auch nicht der Natur gemäß und unvermeidlich, denn in der Natur findet sich nicht das Widernatürliche, und Kunst kennt nicht Antriebe des Kunstlosen.

Ist also die Ursache des Bösen in der Seele, gleich wie die Ursache des Erwärmens im Feuer zu suchen ist? Erfüllt denn die Seele alles mit Bosheit, dem sie nahekommt? Oder ist die Natur der Seele zwar gut, aber ihr Verhalten in ihren Betätigungen bald gut, bald böse? Wäre ihr Wesen von Natur aus böse, woher hätte sie dann ihr Wesen? Aus der guten Ursache, die das ganze Universum schuf? Wenn aber dies ihr Ursprung ist, wie kann dann ihr Wesen böse sein? Sind nicht alle Schöpfungen aus der Einen Ursache gut?

Wenn die Seele in ihren Betätigungen ein Böses sein kann, so ist auch dies bekanntlich nichts Unveränderliches. Wenn es anders wäre, die Seele nicht selbst gutartig geschaffen wäre, woher könnten dann echte Tugenden sein?

Sonach bleibt nur der Schluss, dass das Böse eine Schwächung und ein Zuwenig des Guten ist.

31.

Ursache des Guten ist das Eine. Wenn aber das Böse dem Guten durchaus entgegengesetzt ist, so folgt daraus, dass die Ursachen des Bösen durchaus vielfältig sein müssten. Die schöpferischen Erzeuger des Bösen sind nicht Grundsätze und positive Kräfte, sondern Ohnmacht, Schwäche, Unordnung, asymmetrische Verteilung unähnlicher Dinge.

Das Böse beharrt auch nicht in stetiger Ruhe oder in gleichmäßigen Zuständen. Es entbehrt auch jeder Grenze und Bestimmtheit, es dringt in Fremdes ein, in unendlich Vieles.

Das Gute ist Ausgangs- und Endpunkt auch aller Übel; denn um das Gute zu suchen, ist alles geschaffen, was gut genannt wird – und auch alles, was ihm entgegen ist. Auch das dem Guten Entgegengesetzte tun wir ja nur auf unserer Suche nach Gutem. Niemand hat bei jeglichem Tun seine Absichten direkt auf ein Übel gerichtet.

Daher hat das Böse keine Wesenheit aus eigener Kraft, es zeigt uns alle Merkmale jener anderen, minderen Wesenheit, die wir Parasiten-Existenz nennen. Nur im Verfolgen des Guten ist es geworden, nur durch das Gute kann es weiterbestehen.

32.

So müssen wir also dem Bösen ein zufälliges Sein zuschreiben, ein Dasein nur durch den Unfall, der einem anderen Ding zustößt.

Es erscheint uns manchmal als das Rechte, wenn es eintritt, gerade weil es um des Guten willen eintritt, anstelle des gesuchten Guten, und wir verwechseln es. In Wirklichkeit ist es aber nicht das Rechte, und wir halten unser Nichtgutes für Gutes.

Es wurde wiederholt gezeigt, wie hierbei der Gegenstand des Begehrens etwas anderes ist und etwas ganz anderes das tatsächlich Eintretende. Das Böse lauert nur neben dem Weg, neben dem Zweck, im Widerspruch zu Natur, Ursache, Anfang und Ende, es wirkt außerhalb jedes Wollens und Zielens, außerhalb jedes Wesenhaften. Das Böse ist nur Mangel, Abwesenheit, Schwäche, Unordnung, Ungleichgewicht, Irrtum, Zielverwechslung oder Ziellosigkeit, etwas Ungekonntes, Misslungenes, Unschönes, Sinnloses, Geistloses, Lichtloses, Lebloses, Liebloses, Unfruchtbares, Unstetes, Unbestimmtes, Ungesetzliches, Unbegrenztes, Kraftloses oder Träges, das in keiner Weise aus sich selbst etwas ist – ein Nichtwesen schlechthin.

Wie sollte sich das Böse durch Vermischung mit dem Guten Wirklichkeit erschaffen können? Was völlig des Guten entbehrt, ist weder etwas noch vermag es etwas. Wenn aber das Gute überhaupt ein Wesen ist, ein Seiendes, Wollendes, Kraftvolles, Wirkendes – wie kann dann das dem Guten Entgegengesetzte irgendetwas vermögen, da es doch keine Wesenheit, keinen Willen, kein Vermögen, keine Wirkung besitzen kann?

Ein und dasselbe ist nicht böse in aller Weise, niemals in ein und derselben Beziehung böse in jeder Hinsicht und für jedes. Für den Dämon besteht das Übel darin, dass er in Widerspruch mit dem gutgestalteten Geist geraten ist, für die Seele, ihr Widerspruch gegen den Sinn, für den Körper, sein Widerspruch gegen die Natur.

33.

Aber wie kann es irgendwelche Übel geben, wenn es eine Vorsehung gibt?

Soweit das Böse wirklich ein Böses ist, hat es weder Existenz noch kann es in den existierenden Dingen sein. Kein Ding der Welt liegt außerhalb des Bereiches der Vorsehung, denn es gibt kein Übel, das anders entstünde als durch Vermischung mit dem Guten. Wenn es wahr ist, dass kein Ding je der Vorsehung entgeht und keines von ihr ausgeschlossen ist, und dass das Böse kein Ding ist, sondern nur ein Mangel an Gutem, und wenn nichts in der Welt bestehen kann, das vollständig des Guten beraubt wäre, dann heißt das doch eben, dass die göttliche Vorsehung im ganzen Universum ausnahmslos überall wirkt und alle Wesen ihr unterworfen sind – und *wenn hierbei Übel entsteht*[200] benützt die Vorsehung auch noch dieses Übel, um daraus in unerschöpflicher Güte etwas zu schaffen, was den Übeltätern oder anderen zum Guten verhelfen könnte, zu ihrem persönlichen Nutzen oder zum Nutzen aller. Und solche Vorsehung wirkt sich tatsächlich an jedem Wesen aus, erstreckt sich auf alles Seiende, der Natur eines jeden entsprechend – nur auf das Nicht-Seiende erstreckt sie sich nicht; daher werden wir das törichte Gerede der Menge nicht beachten, die da behauptet, die Vorsehung sollte uns auch gegen unseren Willen zur Tugend führen und zum Guten. Es ist nicht Sache der Vorsehung, für Nicht-Seiendes zu sorgen oder die Natur zu zerstören. Die Vorsehung will im Gegenteil jede Natur in ihrer Eigentümlichkeit erhalten. Sie sorgt darum für Wesen, die nach eigenem, freiem Willen handeln – und dieser kann stets auch Irrtümern unterworfen sein, so wie dies allen Wesen entspricht, die über sich selbst sollen bestimmen können – und sie sorgt dadurch gleichzeitig auch für das Ganze, für das Einzelne in Anpassung an das Ganze und für das Einzelne als Einzelnes,[201] je nachdem wie die Natur der wirklichen Wesen den Mahnruf der Vorsehung und ihre Güte aufzunehmen imstande ist.

34.

Kein Sein hat also das Böse, kein Wesen, keine Stelle unter den Dingen; denn nirgends kann das Böse an sich bestehen: es besteht nur als Beziehung. Wenn das Böse auftritt, dann geschieht dies nicht nach der Weise einer Macht, sondern wegen einer Schwäche. Auch für die Dämonen ist das, was sie sind, ein Gutes und stammt aus dem Guten. Das Übel kommt für sie aus einem Abgleiten, aus einem Abfall vom guten Ziel oder aus einem Irrtum über ein gutes Ziel, und die Veränderung, die sie hierbei in ihrem inneren Gleichgewicht erleiden, in ihrem Zustand und in ihrem Wirken, ist nur eine Schwächung der Vollkommenheit, wie sie Engeln geziemt und wie sie auch die Dämonen begehren, also nach dem Guten, insofern sie nach dem Sein begehren, Leben begehren und Licht und Erkenntnis. Soweit sie nicht nach dem Guten suchen, streben sie nach Nichtseienden. Das ist aber dann kein Streben, sondern nur ein Abirren vom wahren Suchen.[202]

35.

Jene, die in der Erkenntnis des unverborgenen Guten oder in seiner wirksamen Ausübung sich zu schwach erweisen, nennt die Heilige Schrift: Mit Wissen Sündige. Das sind also solche, die wohl den Willen Gottes kennen und ihn auch erfüllen möchten, sich aber als zu schwach erweisen,[203] ferner solche, die den Willen Gottes kennen und ihn dennoch nicht erfüllen wollen,[204] und schließlich solche, die das Wort der

Offenbarung gehört haben, aber kraftlos im Glauben sind oder lahm im Willen zur Betätigung des Guten.[205]

Einige aber wollen nicht einmal die Kenntnis eines guten Lebens gewinnen – so verkehrt und schwach ist schon ihr Wille geworden. Auch sie sind nur ein Beispiel für das hier so oft Wiederholte, dass das Böse eine Schwäche ist, Ohnmacht und Mangelhaftigkeit entweder der Erkenntnis oder des sicheren Wissens oder des Glaubens oder des Willens – ein Irrtum im Begehren oder Betätigen des Guten.

Dies führt noch einmal zu einem Einwand: Wenn all das nur Schwäche ist, dann sollte es nicht bestraft werden, denn der Schwäche gebührt nur Verzeihen.

Allerdings, wäre die Fähigkeit zum guten Handeln bei den Bösen gar nicht vorhanden, dann hätte dieser Einwand seine Berechtigung. Wenn aber jedes Können aus der Allgüte Gottes stammt, und wenn es wahr ist, dass Gottes Allgüte jedem das ihm Geziemende schlechthin erteilt – wie die Heilige Schrift sagt – dann ist das Fehlerhafte eines zu schwachen Verhaltens nicht zu entschuldigen. Dann darf die Verkehrtheit von ursprünglich guten Kräften nicht gelobt werden. Dann gebührt dem Verderben und Verlieren des gesetzten Zieles, das einem guten Wesen von der Allgüte Gottes gesetzt war, keine Verzeihung. Aber hierüber möge das schon in einer anderen Schrift ausführlich Dargelegte genügen: »Über das Gerechte und Göttliche Gericht.« Wir haben uns bereits nach Kräften Klarheit zu verschaffen versucht und in dieser geistlichen Abhandlung dargetan, wie das untrügliche Wort der Schrift alle sophistischen Reden wirksam widerlegt, wonach die göttliche Vorsehung ungerecht und trügerisch wäre. Diese wahnwitzigen Beschuldigungen stammen von jenen, die nicht wissen, was Vorsehung ist.

Soweit es in meinen schwachen Kräften stand, habe ich nun wohl das Gute genügsam geschildert als das wahrhaft Liebenswerte, als Anfang und Ende von allem, als Umfassung aller Wesen und des Seienden insgesamt, als gestaltenden Urgrund auch für das Nichtseiende, Mögliche, als Ursache jedes einzelnen Guten und Nichtursache jedes einzelnen Übels, als vollkommene Vorsehung, die alles überragt, was ist und wird und nicht ist und werden kann, als Kraft, die auch noch das Böse und den Mangel und den Absturz in Gutes verwandelt, allen begehrenswert, alle zur Güte anspornend und zur Liebe des Guten und zu Beistand und Fürsorge[206] – und was sonst noch alles unsere (wie ich hoffe) zutreffende Beweisführung nahegelegt haben mag.

KAPITEL V

ÜBER DAS SEIENDE UND DIE VORBILDER

1.

Jetzt aber wollen wir zu jenem Gottesnamen übergehen, der vom Wesen Gottes selbst hergenommen ist, zu jenem Namen, der in ganz eigentlichem Sinn dem wahrhaft Seienden überhaupt zukommt.

Vorweg sei nochmals daran erinnert, dass unsere Abhandlung sich nicht zum Ziel setzen kann, jemals die Überwesenheit jenes Wesens erklären zu wollen, das über alle Wesen hinaus Wesen ist. Dies wäre unaussprechlich und unerkundbar, durchaus nicht zu erklären, und übersteigt sogar jede Einigung mit Gott.[207]

Nur das Wesenschaffende Hervortreten der urgöttlichen Urwesenheit wollen wir feiern, soweit sie in der ganzen uns fasslichen Seinswelt der Schöpfung aufscheint.

Die Benennung Gottes als »Das Gute« besagt ja alle Auswirkungen der Allursache und erstreckt sich darum auch auf alles, was ist und was nicht ist und werden kann. Sie ist über alles Seiende und Nichtseiende erhaben. Dagegen der Name »Der Seiende« will nur alles umfassen, was durch Ihn tatsächlich Sein erhalten hat, und ist auch über alles Seiende erhaben. Er zielt nur auf alles tatsächlich Seiende. Der Name »Das Leben« erstreckt sich nur auf alles, was durch Ihn Leben erhalten hat, und ist über alles Lebende erhaben.

Der Name »Die Weisheit« – oder der »Wissende« – erstreckt sich nur auf alles Geschaffene, das durch Ihn die Fähigkeit erhalten hat, geistig, vernünftig und mit den Sinnen zu erfassen und so die Welt zu erkennen, und ist über die Wesen dieser Art erhaben.

2.

Das Ziel unserer Rede ist also die Feier dieser Namen Gottes, sofern sie uns Seine Vorsehung offenbaren. Unsere Ausführungen versprechen nicht die absolute Güte darzustellen, die über allem Guten bleibt, nicht die absolute Wesenheit, die über allem Wesenhaften schöpferisch wirkt, und auch nicht die absolute Weisheit, Lebensstiftung, Schöpfertätigkeit des über alles Sein Erhabenen – also der überwesentlichen Urgottheit. Diese bleibt freilich unerreichbar über alle Güte, Gottheit, Wesenheit, Weisheit, über alles offene Leben und geheime Schöpfertum hinausgerückt. Ihr Sitz ist auf ewig verborgen, wie die Heilige Schrift sagt.[208] Nur die uns bereits geoffenbarte Vorsehung können wir hier feiern, im Guten, das sie geschaffen hat, in der Überschwänglichkeit ihrer Güte, als Ursache von allem Guten, das da ist. Also als Seiendes, als Leben und als Weisheit, und auch als wesenschaffende Spenderin von allem Seienden, Lebenden, Erkennenden, und zuletzt als überwesentliche Schöpferin des Seinmachens, Lebenmachens, Erkennenmachens überhaupt, aber immer nur soweit es in Sein, Leben, Erkennen eingegangen ist, für Wesen, die daran teilhaben.

Unsere Rede will nicht etwa sagen, dass das Gute, das Seiende, das Leben, die Weisheit jemals in Gott unterschieden oder gar voneinander geschieden werden könnten. Sie will auch nicht eine Mehrheit von Ursachen aufstellen und für die einen Dinge diese, für die anderen jene Kräfte der Einen Erschaffenen Gottheit – oder gar mehrere voneinander unterscheidbare erschaffenen Gottheiten – etwas als Kräfte höherer und niederer Ordnung anrufen. Sie will vielmehr alle gütigen Offenbarungen Gottes und alle von uns gefeierten Gottesnamen ausdrücklich und ohne Ausnahme nur vom Einen Einig-Einzigen Gott verstanden wissen. Sie besagt also, dass einer dieser Namen sehr wohl die universale Vorsehung des Einen Gottes andeuten mag,[209] andere dagegen die mehr oder minder umfassenden, mehr oder minder besonderen Wirkungsweisen dieser selben Vorsehung.

3.

Wieder könnte jemand einwenden: Das Seiende hat einen weiteren Umfang als das Leben, einen weiteren als die Weisheit. Warum übertreffen aber dennoch die Lebewesen das einfach Seiende, warum stehen die sinnbegabten Wesen höher als die bloß mit Leben ausgestatteten, warum die mit Verstand begabten wieder höher als diese, warum die geistigen Wesen noch viel höher als die bloß vernunftbegabten, und warum bilden diese geistigen Wesen die unmittelbare Umgebung Gottes und stehen Ihm näher? Es sollten doch die Wesen, welche in weiter ausgedehnten Kreisen an den Gaben der göttlichen Güte teilnehmen, auch vorzüglicher sein und die anderen übertreffen?«

Wenn man den geistigen Wesen Sein und Leben absprechen wollte, wäre der Einwand berechtigt. Wenn aber die göttlichen Wesen ein Sein haben, welches das Sein der übrigen Wesen, auch als Sein, um so viel übertrifft, und ein Leben, viel höher gespannt als das Leben der übrigen, und ein Denken und Erkennen, das um vieles reicher ist als alle bloße Sinnes- und Verstandeserkenntnis – und wenn sie vor allen anderen Wesen stärker nach dem Schönen und Guten begehren und auch stärker daran teilnehmen, so bilden sie eben den höheren, näheren Kreis um das Gute, wirken in größerer Überfülle daran mit, verfügen über einen größeren Besitz höherer Gaben. So stehen auch die verstandesbegabten[211] Wesen höher als die nur mit Sinnen ausgestatteten und übertreffen sie durch den Reichtum, den das Erkennen verleihen kann, die empfindungsbegabten Wesen leben reicher als die tieferen, eben durch ihr Empfindungsvermögen, und Leben ist wesenhafter als bloßes Dasein. Ich denke, das ist unbestreitbar: Diejenigen Wesen, von denen jedes Einzelne einen größeren Anteil an den unendlichen Gaben der an Geberfreude überreichen Gottheit zu empfangen imstande ist, stehen dem gütigen Schöpfer auch näher. Sie sind also göttlicher als die dahinter zurückbleibenden.[212]

4.

Doch auch hierüber ist nun genug gesagt. Jetzt wollen wir das Gute als das wahrhaft Seiende preisen und als das Wesenerschaffende feiern, das noch jenseits von allem wohnt, was schon Wesen ist; denn »der Seiende« ist die schöpferische Ursache jedes möglichen Seins über alles geschaffene Sein hinaus, ist die Allursache jeder Form von Existenz, jedes Persönlichseins, jeder Wesenheit, jeder Natur, ist Prinzip und

Maß der Aeonen, ist Wesen der Zeiten und Aeon der Wesen, ist die Zeit selbst, das Existierenmachende aller innerhalb von Zeit werdenden Dinge, wirkt als das Sein selbst für alles, was da irgendwie ist, wirkt als Entstehen für alles, was da irgendwie wird.[213]

Vom »Seienden« her stammen auch die Gottbezeichnungen Aeon, Wesenheit, Seiender, Zeit, Entstehen und Werden. Alles, was in den Dingen ist und sie existieren macht und ihnen Bestand gibt. Gott selbst ist ja gar nicht irgendwie seiend, sondern einfach vor allem Sein. Unbegrenzt und unbegrenzbar hält Er alles Gesamtsein in sich umschlossen, nimmt es voraus, ermöglicht und erschafft es. Daher heißt Er auch König der Aeonen,[214] denn in Ihm und nur in Ihm ist das Sein aller Aeonen, es erhält Bestand durch ihn, während Er selbst weder war noch sein wird, noch wurde, noch wird, noch werden wird, denn er ist über alle Gegenwart und Nichtgegenwart hinaus. Er selbst ist das Sein für alle Dinge, macht das Sein für alle Dinge. Oder vielmehr, nicht bloß die Dinge, sondern auch das Dasein der Dinge und auch das Seinkönnen der Dinge stammt aus dem vor aller Weltzeit Seienden. Er selbst ist ja die Weltzeit der Weltzeiten, die macht, dass das Wort »Sein« einen Sinn habe – der Existierende, der vor jeder Weltzeit und vor jedem Etwas existiert.[215]

5.

Alle Wesen und alle Aeonen haben ihr Sein von Dem, Der vor allem Seienden ist. Jeder Aeon und jede Zeit stammt von Ihm. Er ist der vor allem Existieren existierende Ursprung und Grund jedes Aeons und von Zeit überhaupt und überhaupt von Wesen und Dingen. Alles hat an Ihm Anteil, Er zieht sich niemals von irgendeinem der Wesen zurück. Er existiert in und vor und jenseits von allen Dingen, in Ihm finden alle ihren gemeinsamen Bestand. Wenn irgendetwas auf irgendeine Weise ein Sein hat, so stammt es von Ihm, dem zuvor Seienden, und wird durch Ihn geistig erschaut – oder vorgeschaut – und erhalten. Vor allen anderen Arten der Teilnahme an Ihm ist das Überhauptexistieren an erster Stelle hervorgebracht, und auch das Sein an sich ist noch früher als das Sein des Lebens an sich, viel früher als das Sein des Wissens an sich und der Gottähnlichkeit an sich. Darum müssen alle anderen Anfänge, Grundsätze, Ideen, an welchen die einzelnen Dinge teilhaben, vor jedem anderen Prinzip selbst an diesem ersten Anteil erhalten, ohne welches sie allesamt nicht wären: Am Sein überhaupt, und auch dieses Sein der Prinzipien muss erst Anteil erhalten am Existieren überhaupt, des Seins überhaupt; denn es gibt kein Seiendes, dessen Wesenheit und Aeon nicht das Sein überhaupt wäre.

Dementsprechend wird also vor allen anderen Namen Gottes an allerersterr Stelle und aufgrund dieser Gabe, die allen anderen Gaben vorausgehen muss, Gott als der Seiende bezeichnet (und als der Sein-Machende). Nur Er besitzt im Voraus und im Vorvoraus und im Überschwang das Überhaupt-vor-allem-Sein, und so hat er auch allem Sein überhaupt – ich sage dem Sein an sich – Erstbestand geschaffen vor jedem anderen Bestehen. Nur durch dieses allgemeine Sein (durch die Tatsache Seines Wollens, dass überhaupt etwas sei) gibt Er ja allem und jedem die Möglichkeit einer Subsistenz.

Auch die Ursprünge und Grundprinzipien für jedes Ding

und für alle Dinge haben nur dadurch ein Sein, dass sie am Sein überhaupt teilnehmen und es ein Sein überhaupt zunächst erst gibt. Nur dadurch sind sie nämlich Prinzipien! Wenn du etwa als Prinzip der Lebewesen – sofern sie Lebewesen überhaupt sind – das Leben an sich bezeichnen willst, oder als Prinzip der ähnlichen Dinge, sofern sie einander ähnlich sind, die Ähnlichkeit an sich, oder als Prinzip der vereinten Dinge, sofern sie miteinander vereint sind, die Einigung an sich, oder als Prinzip der geordneten Dinge, sofern sie geordnet sind, die Ordnung an sich, und so weiter bei allem anderen, was durch Teilnahme an diesem und jenem oder an mehreren zugleich oder vielmehr immer an sehr vielen überhaupt ist, was es ist:[216] Dann wirst du finden, dass jegliches Anteilnehmen an sich zunächst das Anteilnehmen am Sein überhaupt voraussetzt – als am qualitativ Bestimmten – und am Existieren überhaupt – als an einem in irgendeiner Gegenwart irgendwo Wirklichen. Nur dadurch haben sie alle Bestand und sind dann weiterhin Prinzipien für dieses oder jenes Geschaffene. Nur durch ihre Teilnahme am Sein sind sie selbst, sind sie Prinzipien, wirken sie in irgendeiner Gegenwart und lassen Dinge daran teilnehmen.[217]

Wenn aber sogar auch diese Prinzipien nur durch ihre Teilnahme am Sein existieren, dann trifft solches in noch viel erheblicherem Umfang auf die Dinge selbst zu. Haben diese doch stets zunächst an solchen Prinzipien Anteil, und nur unter der Voraussetzung des Seins dieser Prinzipien können die Dinge dann auch ihren eigenen Anteil am Sein erhalten.[218]

6.

Das erste Geschenk absoluter Urgüte an die Welt, ihre Schöpfung, ist also das Hervorbringen des Seins an sich. Dies ist ihr erster erhabener Akt von Mitteilung überhaupt, und diese erste Manifestation des Schöpferwillens und der Schöpfergüte ist als erster Gottesname zu preisen. Darin eingeschlossen – in dieses Sein an sich – liegen alle Prinzipien aller Dinge und alle Voraussetzungen für Ideen und Schöpfungen und Wirklichkeiten überhaupt, die ganze Seinswelt und alles, was irgendwie im Sein der Schöpfung erhalten wird. Auch darin ist die absolute Unermesslichkeit dieser Schöpfung zu erkennen und zugleich ihre absolute Einheit.

Hier ein Beispiel, das diese Einheit veranschaulichen kann: Wir sahen schon, dass jede Zahl in der Maßeinheit ihre zusammenfassende Voraussetzung hat, und dass umgekehrt die Einheit auch bereits jede noch so sehr zusammengesetzte Zahl im Voraus ermöglicht. Durch ihr Aufeinanderbezogensein sind alle Zahlen geeint. Nur insoweit eine zusammengesetzte Zahl aus der Einheit hervorgeht, vervielfältigt sie diese und ist nur in diesem besonderen Sinn von ihr überhaupt unterschieden.

So stoßen etwa auch im Mittelpunkt eines Kreises alle seine möglichen Radien zusammen, vereinigen sich dort und bilden dort seine einheitliche Achse: Der eine Punkt des Zentrums begreift also die Möglichkeit aller Radien in sich, und durch ihn sind sie alle auf einzigartige Weise untereinander und mit dem einen einzigen Ansatz und Achspunkt vereinigt. Nur durch ihn sind sie überhaupt Radien. Sie sind aber nur im Zentrum vollständig geeinigt. Sobald sie sich um ein auch noch so Geringes aus dem Zentrum entfernen, sind sie auch schon voneinander geschieden, anfangs noch wenig, dann rasch immer mehr. Je näher dem Zentrum, umso näher der verschmelzenden Einheit, und je weiter vom Zentrum, umso weiter sind sie voneinander entfernt.[219]

7.

Ebenso sind in der Gesamtnatur des Universums die Ideen und Idealprinzipien aller Einzelnaturen in einer einzigen unvermischten Einigung zusammen beschlossen. Ebenso sind in der Seele alle Kräfte eingestaltig enthalten, so viele sie deren auch haben mag, um im Einzelnen für all die verschiedenen Teile des Körpers sorgen zu können.

So ist es vielleicht nicht unangemessen, von dunklen Bildern zu helleren und von Dingen zu Ursachen aufzusteigen und so der Ursache von allem näherzukommen und zu versuchen – mit Augen, die auf das Außer- und Überweltliche gerichtet sind – die gemeinsamen Ursprünge der Schöpfung zu erschauen. Vielleicht finden wir sie dann im Konvergieren gegen die universale Ursache hin. Vielleicht können wir so durch ein Vorstellungsbild innewerden, wie auch das einander Entgegengesetzte aus dem Einen ins Mannigfaltige eintritt. Vielleicht können wir dann auch besser verstehen, wie die Allursache als oberstes Prinzip von allem bis herab ins Einzelne wirkt, aus dem Sein an sich bis in alles, was irgendwie ein Sein hat, und wie alles aus ihm hervorgeht, aller Anfang, jedes Ende, alles Leben, alle Unsterblichkeit, alle Weisheit, alle Ordnung, alle Harmonie, alle Macht, aller Schutz, alle Stetigkeit, alles Beharren, alle Erkenntnis, alle Rede, alle Empfindung, alles Beschaffensein und alles Zuständigsein, alle Bewegung und alle Ruhe, alle Einigung, alle Mischung und alle Freundschaft, alle Unterscheidung und alle Fügung, alle Begrenzung und alles, was irgend im großen Zusammensein des Gesamtseienden aufscheint und ihm sein eigentümliches Gepräge verleiht.

8.

Aus der gleichen Allursache stammen auch die Engel, die nur geistig erkennbaren und erkennenden Wesenheiten, die Naturen der Seelen und des ganzen Weltalls, und alles, wovon gesagt worden ist, dass es irgendwie in anderen existiere und wirke oder nur ein gedankliches, unkörperliches Sein habe. Auch die ganz und gar heiligen Geister, die obersten der Mächte, die wirkliches Sein besitzen und gleichsam in der unmittelbaren Vorhalle[220] der heiligen Trias stehen, über alles Wesenhafte hinaus erhoben, auch sie alle empfangen ihr gottgestaltiges Sein und Wesen und ihr Sein und Wesen überhaupt nur von der Einig-Einzigen Allursache, und nach ihnen haben die tieferstehenden Engel ihr Sein und Wesen empfangen, das Sein und Wesen einer tieferen Ordnung, und die letzten das Sein der letzten Ordnung – das heißt, der für die Engel untersten Ordnung, uns gegenüber aber einer Ordnung, die außer- und oberhalb unserer Welt bleibt. Auch die Seelen und alle anderen Wesen empfangen in derselben Weise ihr Sein, ihr Gutsein und die Wesenszüge, die sie haben, von der Einig-Einzigen Allursache jedes Seins, und sie sind, und sind gut, sofern sie aus dem Vorwegseienden das Sein und das Gutsein empfangen haben. Alles empfängt aus dem Ur- und Überhauptsein das Sein und das Gutsein, nimmt aus ihm seinen Anfang, ist in Ihm erhalten und zu Ihm hin abgeschlossen.

Den ersten Seinsdrang hat die Allursache jedes Seins den höheren Wesenheiten erteilt, von denen die Heilige Schrift auch sagt, sie schweben über den Aeonen.[221] Das Sein an sich der Dinge aber kann niemals vergehen,[222] denn es ist ein Sein an sich aus der überhaupt vorweg über alles seienden Gottheit. Alles Sein gehört Gott, aber Gott gehört nicht dem Sein. In Ihm ist alles Sein, und nicht Er ist in dem Sein: Das Sein hat Ihn, kommt allein von Ihm, aber Er selbst hat nicht das Sein. Aeon, Anfang und Maß des ganzen Seins ist Er allein, der vor allen Aeonen und über allen Maßen und Wesenheiten ist, wesenschaffender Anfang, Mitte und Ziel von allem.

Deshalb wird Er, der in Wirklichkeit allem vorher ist, auch in der Heiligen Schrift bei jeglicher Darstellung von Dingen vielfältig gedacht, und so mag auch zutreffend von Ihm gesagt sein, Er war, Er ist, Er wird sein und Er ward, und Er wird, und Er wird werden. Alle diese Aussagen bezeichnen nur – wenigstens für solche, die gottgeziemend denken – dass Er gemäß jeder Auffassung über alles Wesenhafte hinaus existiert und die Ursache aller Dinge und auch aller ihrer Seinsarten ist. Niemand wird ja glauben wollen, dass Er jemals dieses sein könne und jenes nicht, oder dass Er in der einen Weise sei, in einer anderen aber nicht. Vielmehr werden wir uns stets erinnern, dass Er alles zugleich ist, als Urheber von allem, und in Ihm alle Anfänge sind, alle Vollkommenheiten von allem, was ist, und dass Er zugleich auch über allem ist. Daher wird zugleich auch alles von Ihm ausgesagt, und Er ist doch nichts von diesen allem; Er wird als mit allen Formen und Gestalten ausgestattet benannt und ist doch über alle Form und jenseits von aller Gestalt. Er ist Anfang, Mitte und Ende aller Dinge, da Er alles vorweg und überhaupt in Sich einbegreift und allen Dingen durch Sein bloßes Ausstrahlen in einig einziger überwesentlicher Ursächlichkeit das reine Sein schenkt.

Wenn unsere Sonne die Wesenheiten und Eigenschaften der sinnfälligen Dinge überall verjüngt und nährt, bewahrt, vollendet, sondert, einigt, hegt, fruchtbar macht, vergrößert, verändert, befestigt, aufsprossen macht, emportreibt, belebt – diese Sonne, die doch selbst nur eine ist und nur ein und dasselbe Licht überallhin ausstrahlt, während die Dinge tausendfältig verschieden sind und ihre Strahlen überall verschieden auffangen – und wenn jedes einzelne Ding des Weltganzen seiner Natur entsprechend an der gleichen und einen Sonne Anteil hat, und wenn diese eine Sonne alle Ursachen für die vielen an ihr teilnehmenden Wesen eingestaltig in sich vorausbegreift, muss man dann nicht zugeben, dass die Urbilder von allen Seienden und allen Dingen viel eher in der Unerschaffenen Ursache der Sonne selbst[223] zu suchen sind, dort, wo sie in der Einheit über allem wesensmäßig Gesonderten und vor allem wesensmäßig Gesonderten vorwegenthalten und vorwegvereint sind? Diese Ursache aller Ursachen schafft allen Wesenheiten – außer Ihr selbst – erst Wesen und Dasein, durch die überwallende Überfülle Ihrer eigenen Wesenheit, die über allem Begreifen und über jedem Namen ist.

Urbilder, sagen wir wohl auch, seien die in Gott vorausbestehenden und erst Wesensgattungen schaffenden Ideen von allem, was ist und wird. Die Theologen nennen diese Ideen auch Vorbestimmungen aller göttlich gütigen Willensäußerungen oder schöpferische Determination der Dinge, nämlich

Gestaltungen der Seinswesen durch den Schöpfer, wodurch der Überwesentliche alles Sein vorausbestimmt und ins Dasein gerufen hat.

9.

Wenn aber Clemens der Philosoph[224] auch die höheren Leitgrundsätze, die in den Dingen oft verborgen sind, in durchaus relativem Sinn Vorbilder nennen will, so bedient sich wohl seine Rede nicht ganz und nicht eigentlich zutreffender Worte. Falls wir ihm zugestehen wollen, dass auch dies noch mit Recht hat ausgesagt werden können, dann müssen wir uns an die göttliche Offenbarung erinnern, welche uns sagt: »Ich habe dir jene Dinge nicht gezeigt, damit du hinter ihnen herwandelst.«[215] In der Tat, sie sind uns gezeigt worden, damit wir durch analoge Erkenntnisse dieser Dinge – oft auch durch »unähnliche Ähnlichkeiten« – gemäß unseren Möglichkeiten nach der Ursache forschen und so zur Allursache des Ganzen emporgeführt werden. Darum muss man alles auf sie zurückführen, in einer übersteigenden Einigung; denn vom Sein her beginnend, vom wesenschaffenden gütigen Hervortretenlassen aller Arten des Seins aus sich selbst und durch das All sich verbreitend, und alles von sich aus mit Sein und Wesen erfüllend, über alles Seiende frohlockend, hat die oberste Allursache alles zuvor in sich selbst. So stammt also alles aus dem Ur-Einen und Einig-Einzig-Einfachen, und das schließt jedes trennende Gegenspiel von angeblich verschiedenen Grundprinzipien radikal aus. Gleichwohl aber stammt aus dem Ur-Einen alle unübersehbare Vielfalt, in überweltlicher Unermesslichkeit, und alles erhält Anteil an diesem Einen, so wie von einer einzigen Stimme das eine und gleiche Echo in Myriaden von Ohren als eines, als einziges, und doch tausendfältig verschieden widerhallt.

10.

Anfang und Ende von allem, was ist, bleibt also der Urvorweg Überhaupt Seiende. Anfang ist Er als Allurheber. Ende ist Er als Ziel, um dessentwillen alles ist, wie es ist. So ist Er, der alles umfängt, auch Abschluss von allem – und ist doch die Unendlichkeit, die Unbegrenztheit, ja die Unabgrenzbarkeit selbst des Unendlichen jenseits von jeder Grenze: Er bleibt außerhalb dieser Gegensätze sowie jenseits von jedem Gegensatz. Im Einen ist jeder Gegensatz aufgehoben und alles Sein und alles Seinsmögliche vorausenthalten. So ist Er in allen Dingen auch gegenwärtig, trotz der Endlichkeit dieser Gegenwart und der Endlichkeit dieser Dinge und Seiner eigenen Unendlichkeit vor allem Sein. Die Ganzheit des einen im geschaffenen All hebt solche Gegensätze auf. So tritt Er auch in allem hervor und bleibt dabei doch stets in sich selbst gegenwärtig und in Bewegung und übervoll, und darum doch wieder in Ruhe und durch alle Bewegung hindurch, selbst allein ohne Anfang, ohne Mitte und ohne Ende. So ist Er, der in allen Dingen hervortritt, doch auch wieder in keinem Ding enthalten, denn er ist keines von ihnen allen.

So kommt ihm nichts von allem zu, was er schenkt und was in Aeonen existiert oder was in der Zeitlichkeit auftritt, denn Er selbst ist aller Zeit und allen Aeonen entrückt, unberührbar für alles, was in Aeonen und Zeiten fällt.

Er selbst ist der Aeonen-Schaffende; und ist doch zugleich

in allen von ihm geschaffenen Wesen und ist das Maß aller Wesen und ist in allem, dessen Maße durch ihn bestimmt sind.

Aber hierüber – über die Geheimnisse des göttlichen Maßes – soll an anderer Stelle gesprochen sein.

KAPITEL VI

ÜBER DAS LEBEN

1.

An dieser Stelle angelangt, kommt es uns jetzt zu, den Gottesnamen »das ewige Leben« zu feiern; jenes göttliche Leben, dem das Leben an sich und jegliches Leben überhaupt sein Wesen und Dasein und Wirken verdankt, so dass nach diesem von Gott geschaffenen Grundsatz und Vorbild dann in alles, was irgendwie am Leben Anteil hat, auch das jeder Gattung von Wesen und jedem Einzelwesen eigentümliche Leben eingepflanzt werden konnte.

Auch das Leben der unsterblichen Engel kommt aus Ihm, das Unzerstörbare ihres Immerbewegtseins ist von Ihm und durch Ihn, und ihre Unsterblichkeit hat Bestand nur in Ihm. Darum werden die Engel auch »die Immerlebenden« genannt oder »die Unsterblichen«, und andererseits auch wieder »nicht unsterblich«, um anzudeuten, dass die Unsterblichkeit der Engel nicht aus ihnen selbst kommt. Auch ihr ewiges Leben stammt aus der All-Ursache, welche jegliches Leben erschafft, hervorbringt, erhält und vollendet.

So, wie wir vom Seienden Gott sagen, dass er der Aeon des An-Sich-Seins ist, so sagen wir auch hier wieder vom lebenden und über alles Leben erhabenen Gott, dass sein göttliches Leben dem An-Sich-Sein Existenz und Leben vorweg verleiht und alles einzelne Leben und alle Gattungen von

Leben und von Lebensbewegungen aus jenem Leben stammen, welches über jedes Leben und über jedes Prinzip von allem Leben hinausgreift, weil es vor aller Schöpfung liegt.

Somit haben auch die Seelen von Ihm das Unvergängliche ihres Seins, und alle Tiere und Pflanzen haben von Ihm ihr Leben, im äußersten Widerhall des Lebendigen. Wenn dieses Leben ihnen entzogen wird, dann schwindet – wie die Heilige Schrift sagt – jegliches Leben in ihnen,[226] aber in der abermaligen Zukehr und Rückkehr zu Gott werden auch jene Wesen zu lebenden Wesen, welche in der Ohnmacht, an Ihm länger teilzunehmen, sterbend dahingegangen sind.

2.

Zuerst erschafft der Göttlich Lebende also Leben an sich und verleiht ihm, dass es überhaupt Leben sei. Dann erst verleiht Er allem Leben insgesamt und jedem einzelnen Leben, dass es so lebe und das sei, was zu sein und wie zu leben seinem Wesen von Natur aus bestimmt ist. Den Lebewesen über den Himmeln verleiht Er die unkörperliche, gottähnliche und unveränderliche Unsterblichkeit und ein unwandelbares, nie abweichendes Immerbewegtsein. Wegen der Überfülle seiner Güte erstreckt Er diese Unsterblichkeit auch über das Leben der Dämonen, denn auch deren Leben hat Wesen und Dasein und Bestand nur durch Ihn, kommt von keiner anderen Ursache als von Ihm, verdankt nur Ihm, dass es Leben ist und Leben bleibt.[227]

Den Menschen hingegen verleiht Er ein ihnen als gemischten Wesen eben mögliches engelähnliches Leben und wendet uns im Überfließen Seiner Menschenfreundlichkeit zu sich hin, auch wenn wir uns in unserem Unverstand von Ihm abgewendet haben. Er ruft uns zu sich zurück und hat uns auch, was noch göttlicher ist, das Versprechen gegeben, Er werde uns nach unserem Erdenleben, unserem ganzen Wesen gemäß – unsere Seelen, sage ich ausdrücklich, samt unseren mit ihnen wesenhaft verbundenen Leibern – in ein vollkommenes Leben versetzen und in die Unsterblichkeit. Dieser Vorgang möchte dem Altertum wohl wider die Natur zu sein scheinen, mir aber und dir leuchtet er ein, und der Wahrheit nach ist er göttlich: Er geht eben über die Natur.[228]

Wenn ich sage »über die Natur«, so meine ich unsere sichtbare Natur und freilich nicht die allmächtige des göttlichen Lebens; denn für sie, die da Natur aller Lebensformen ist und vor allem der göttlichen Lebensformen, für sie gibt es kein Leben wider die Natur oder über die Natur. Deshalb sollen die in diesem Punkt widerspruchsvollen wahnwitzigen Reden des Simon[229] aus der heiligen Versammlung der Gläubigen und aus deiner reinen Seele weit ferngehalten werden. Es entging ihm einfach – wie ich denke, trotzdem er sich einbildete, hierin weise zu sein – es entging ihm, dass der Verständige sich nicht eines augenfälligen Beweises als eines Bundesgenossen wider die unsichtbare Allursache der Schöpfung bedienen dürfe, besonders wenn dieser augenfällige Beweis nur der sinnlichen Wahrnehmung so und nicht anders geschaffener Wesen entnommen ist. Das muss ihnen entgegnet werden, auf seinen Einwand »wider die Natur« – denn der göttlichen Natur des Schöpfers ist nichts von Ihm selbst Geschaffenes entgegen.

3.

Alles also wird von der göttlichen Allursache belebt und gelebt, alle Lebewesen und alle Pflanzen empfangen ihre Natur erst aus ihr. Magst du auch von einem geistigen oder vernünftigen oder sinnlichen oder wuchernden oder wachsenden Leben sprechen oder welches Leben auch immer unterscheiden wollen oder von Lebensumfang oder von Wesenheit des Lebens überhaupt reden – immer lebt es nur aus Ihm und ist nur ein ungehauchtes Leben, aus jenem Leben, das über alles Leben erhaben ist. In Ihm und nur in Ihm allein hat es ursächlich, grundsätzlich, in eingestalteter Weise überhaupt und vorweg Sinn und Bestand; denn das überlebensvolle Leben, das urquellhaft vor aller Schöpfung und Gestaltung lebt, ist überhaupt Ursache jeglichen Einzellebens. Es erzeugt erst alles Leben, vollendet alles Leben, schließt alles Leben erst ab und löst es wieder auf. Gemäß der Vielzeugung aller Lebensformen ist es von jedem Leben aus zu feiern, es ist unendlicher Vielfalt fähig, mannigfach in allen seinen Gestalten, in jedem Leben erschaubar und in jedem Leben zu preisen.

Der urgöttlich Urlebende bedarf keines Dinges, um – übervoll des Lebens – aus sich selbst Leben zu erschaffen, stets Leben spendend und doch jedem Leben entrückt … Oder wie immer wir das unaussprechliche Leben durch menschliche Rede zu feiern versuchen mögen.

KAPITEL VII

ÜBER DIE WEISHEIT, DIE WAHRHEIT UND DEN GLAUBEN

1.

Aber jetzt lasse uns das gütige und ewige Leben auch als weise feiern und den Namen Gottes als Schöpfer der Weisheit, nämlich der Weisheit an sich, oder vielmehr als den Schöpfer des Prinzips, durch das jegliche Weisheit erst als Wesen gegründet werden kann und das über alle Weisheit und Einsicht der Welt erhaben ist.

Gott ist nicht bloß von Weisheit übervoll, so dass es für sein Erkennen kein Maß und keine Grenze gibt.[230] Vielmehr – da Er ja alle Weisheit und alle Möglichkeiten von Weisheit erst erschaffen hat – ist er jenseits von allem Denken, Verstehen, Erkennen und Wissen. Er braucht es nicht und es trifft Ihn nicht.

Auch der wahrhaft göttliche Mann, der unser Lehrer war, unserem Meister und mir ein Leitstern,[231] hat dies in übernatürlicher Erleuchtung begriffen, denn er sagte uns: »Die göttliche Torheit ist weiser als die Weisheit der Menschen.«[132] Das meinte er nicht bloß insofern, als alles weiseste, aber eben stets zeitbedingte menschliche Denken immer noch Irrtum ist, gemessen an der Stetigkeit und Dauer göttlich vollkommener ewiger Erkenntnis, sondern auch insofern, als es den Verfassern der Heiligen Schrift vielfach eigentümlich ist, die verneinenden Aussagen von Gott ineinander oft entgegengesetztem Sinn zu behaupten.[233] So nennen sie Gottes ganz und gar helles Licht unsichtbar, den Vielgefeierten und Vielnamigen, unaussprechlich und namenlos, den Allgegenwärtigen unaufspürbar und den aus allem Erkennbaren doch nicht zu fassen und nie zu begreifen.

Auf diese Weise – so wird es aufgefasst – wollte auch der göttliche Apostel die »Torheit« Gottes preisen, denn gerade das Unerwartete, Wunderbare, Unerklärliche, das uns an ihr unvernünftig und unpassend erscheint, erhebt er zur unaussprechlichen und über alles Denken hinausgerückten Wahrheit.

Wir irren sehr, wenn wir das über uns Liegende nur in einer uns eben entsprechenden Weise auffassen und die göttlichen Dinge mit denen aus unserem menschlichen Bereich vergleichen wollen. Wir zeigen dadurch nur, dass wir rettungslos in die uns allein vertrauten Sinneswahrnehmungen verstrickt sind. Auf solche Weise suchen wir das Göttliche und Unaussprechliche mit dem hierfür ungeeigneten Maßstab des Sichtbaren zu erkennen. Man darf nicht vergessen, dass unser Verstand zwar jene Kraft des Erkennens besitzt, durch welche er das für ihn Erkennbare erfassen kann, aber das dient ihm gerade nicht für jene Einigung, durch welche er mit Kräften verbunden wird, deren Quellen außer und über seiner Sphäre liegen, denn das überragt die Natur unseres Verstandes. Wegen dieser Einigung entspricht es nicht unserer Fassungskraft, das Göttliche zu erkennen. Dies ist uns nur möglich, insoweit wir imstande sind, mit unserem ganzen Ich ganz aus unserem Ich herauszutreten und ganz und gar zu Gott erhoben zu werden.[234] Es ist besser, Gottes zu sein, statt bei uns selbst zu bleiben: Das Göttliche wird nur auf diesem Weg und nur denen gegeben, die wirklich mit Gott vereinigt sind.

Darum wollen wir diese törichte, unverständige, ganz und gar unvernünftige Weisheit preisen, wir wollen sie loben, mit Jubel und Überschwang, und erklären, sie allein sei Ursache jedes Verstehens, jeder Vernunft und aller Einsicht und Weisheit. Aller Ratschluss ist nun bei ihr, von ihr stammt alles Wissen und Begreifen, in ihr sind alle Schätze der Erkenntnis und Sinndeutung verborgen.[235]

Entsprechend dem früher Gesagten ist es die über allem Geschaffenen und vor allem Geschaffenen weise Allursache aller Weisheit, welche auch der Weisheit an sich und der gesamten Weisheit und jeder einzelnen Weisheit Wesen und Sein und Gegenwart verleiht.

2.

Aus ihr schöpfen die Verstehbares fassenden und Verstehbares deutenden Mächte[236] der Engelgeister ihr einfachstes und ihr seligstes Erkennen. Nicht etwa aus Sinneswahrnehmungen oder aus dialektischen Vernünfteleien oder überhaupt aus Einzelheiten und Teildeutungen und Details bilden sie ihre göttliche Einsicht. Auch von allgemeinen Prinzipien, Grundsätzen, Theorien gehen sie nicht aus. Von aller Methodik befreit und aller Körperlichkeit ledig, werden sie des Göttlichen inne, als des Einen, das alles umfasst, und das Weise aller Weisheit und jedes Weisemachens wird ihnen im Nu offenbar. So ist ihnen die Kraft des Erkennens gegeben und die Fähigkeit des Zusammenschauens und Deutens verliehen, damit sie durchstrahlt von der unvermischten und makellosen Reinheit des göttlichen Lichtes unverwirrt und unverwandt das für sie Erfahrbare erfahren, das für sie Schaubare schauen und das für sie Deutbare deuten, ohne daran zu verbrennen.

Das Fassungsvermögen ihres Verstandes ist geschaffen und ihre Weisheit ist gereift nach dem Urbild des allumfassenden Einen, und soweit dies Engeln überhaupt gegeben werden kann, spiegelt ihre Engelnatur jenes über alle Weisheit erhabene Wissen und vor aller Deutung einsichtige Verstehen des Schöpfers, dass Weisheit nach unserm Bild zu nennen ein viel zu geringer Name wäre.

Aus ihr schöpfen auch die Seelen jedes Erkennen: Ein vernunftgemäßes Begreifen, indem sie diskursiv und in Kreisbewegungen sich um die Wahrheit der Dinge bemühen, wobei sie freilich weit hinter den einhellig gestalteten Engelgeistern zurückbleiben, denen es gegeben ist, die ganze Wahrheit jeweils in einem Nu zu erfassen, vermöge ihres eigenen Einssein, während unsere menschlichen Seelen immer nur aus vielen Teilansichten und von vielen Standpunkten aus ihre verschiedenen Erkenntnisse zusammensetzen müssen, wenn sie nicht gar in verzerrenden Einseitigkeiten verharren. Andererseits sind unsere Seelen doch auch befähigt worden, in ihrem diskursiven Lauf das Viele und Einzelne auf das Eine und Ganze zu deuten. Dadurch verdienen sie der engelsgleichen Erkenntnisweise näherzukommen, so weit dies eben der menschlichen Seele fassbar und auch gemäß ist.

Aber sogar noch die bloßen Sinneswahrnehmungen selbst dürfen schon als ein wenn auch ferner Widerhall der Weisheit bezeichnet werden,[237] das lässt sich ohne Übertreibung behaupten, und sogar der Verstand der Dämonen, sofern er Geist ist und nicht Verwirrung, stammt durchaus aus ihr. Nur insoweit er ein unvernünftiger, irregeleiteter Geist ist, der das ihm gesetzte Ziel seines natürlichen Erkenntnisstrebens weder kennt noch begehrt, mag sein Denken und Verstehen mit großem Recht als ein Absturz aus der Weisheit genannt werden.

Doch wenn nun die göttliche Weisheit aller Anfang, alle Ursache, alle Begründung, Vollendung, Bewahrung von Weisheit an sich ist und die Möglichkeit und Voraussetzung ihrer Verwirklichungen genannt werden kann, wenn ferner ihr Name der Inbegriff für alle Weisheiten und Deutungen ist und überhaupt für jegliches Verstehen und Wahrnehmen – bis herab zum sinnlichen: Wie mag dann Gott selbst als der Urschöpfer dieser Ursache, als der Urweise, etwa nur als Weisheit und Verstand und Vernunft und Erkenntnis gefeiert werden? Wie wird Er etwas vom Verstehbaren und Deutbaren erkennen und deuten, da Er selbst über jeden Akt des Erkennens und Deutens hinaus erhaben ist? Oder wie wird Er gar das nur sinnlich Wahrnehmbare wahrnehmen, da Er nicht mit Sinnen wahrnimmt, nicht an Eindrücke von außen gebunden ist, zumal es für Ihn kein außen gibt?

Dennoch sagt uns die Heilige Schrift, dass Er alles wisse und nichts Seiner göttlichen Erkenntnis entgehe![238] Die Attribute, die wir Gott beilegen, müssen wir so verstehen, dass sie uns wenigstens näherungsweise dem Göttlichen gemäß erscheinen können; denn das Verneinen von Einsicht und Wahrnehmung müssen wir bei Gott nach der Seite des Überragens – des Transzendierens – und nicht nach der Seite des Absprechens ausdeuten, so etwa, wie der Raum keine Oberfläche hat, weil er alle Oberflächen einbegreift. Oder so wie wir dem intuitiv ein Ganzes sofort Erfassenden das verstehende Rechnen absprechen und sagen, der mehr als bloß

Vernünftige brauche das Klügeln nicht. So sagen wir auch wohl, Übermaß des Lichtes mache uns das unerschöpflich unerschaffene und unerreichbare Licht zu jener unnahbar schöpferischen Dunkelheit, die jegliches Licht transzendiert.

Das göttliche Wissen umfasst darum schlichthin alles in seiner allüberragenden, uns nicht fasslichen Erkenntnis. Es besitzt vor aller Schöpfung die Kenntnis aller zu schaffenden Möglichkeiten, Ideen, Wesen und seienden Dinge, samt allen Ursachen, die sie in die Welt bringen.[239] Bevor Engel wurden, kannte Er Engel und rief sie ins Dasein, bevor Menschen wurden, kannte Er Menschen und rief sie ins Dasein, und so kennt Er auch alle anderen Geschaffenen Dinge von innen her, sozusagen aus ihrem Schöpfungsprinzip, unmittelbar aus ihrem Urbild, und bringt dieses zu Wesen und Dasein. Solche Wahrheit ist es, die das Schriftwort meint (ich glaube es so auslegen zu dürfen), wenn es von Ihm aussagt: »Er, der Alles vor seinem Entstehen kennt.«[240] Das göttliche Verstehen erfährt nichts dadurch, dass Gott die Dinge erst aus den Dingen kennenlernte, sondern aus Sich und in Sich hat Er das ursächliche Wissen des Schöpfers und besitzt auch die Vorauskenntnis aller Wesen, deren Wesen als solches Er so und nicht anders zu erschaffen beliebt. Also auch nicht etwa dadurch, dass Er alle einzelnen Dinge aus der Anschauung ihrer Ideen kennt – wie ein Engel dies vermöchte –, sondern gemäß Seiner Allumfassung in der ersten Ursache weiß Er alles und begreift Er alles, noch vor den Ideen, die ja auch Seine Geschöpfe sind.

So etwa hat auch das Licht ursächlich von der Dunkelheit Kenntnis, ehe es noch in die Dunkelheit leuchtet, denn es erfährt die Dunkelheit von keiner anderen Seite als eben auf dem Weg des sie durch Leuchten schaffenden und teilenden Lichtes.

Die göttliche Weisheit braucht also nur sich selbst zu erkennen, um alles zu erkennen, auch das Körperliche in unkörperlicher Weise, auch das Geteilte in ungeteilter Weise, auch das nur Bezügliche nach seinem absoluten Sinn – nur durch das unmittelbar Eine des schöpferischen Aktes in der Allursache. Wenn Gott allem Seienden Anteil am Sein gewährt, gemäß einer einzigen Allursache, so mag Er auch gemäß dieser einzigen gleichen Allursache alles wissen. Es stammt ja aus Ihm selbst, bestand in Ihm selbst schon vordem, und Er holt sich nicht Kenntnis aus existierenden Dingen, sondern umgekehrt, Er ist es, der manchen durch Seinen Willen zur Existenz geschaffenen Dingen Kenntnis gibt, manchen, so Er will, mehr oder weniger Kenntnis von anderen Dingen, und manchen auch mehr oder weniger Kenntnis von sich. Darum braucht Gott auch nicht eine eigene Kenntnis von sich selbst und getrennt davon eine andere Kenntnis, die etwa alles Seiende oder Mögliche in gemeinsamer Weise umfasste: Die Allursache kennt sich selbst und kann daher gar nicht in Unwissenheit über irgendetwas sein, was aus ihr stammt und dessen auch noch so besondere Sonder-Ursache immer noch aus Ihrem eigenen Schöpferwillen fließt.[241]

Man kann auch sagen, Gott erkenne das Seiende nicht durch Wissenschaft, die sich auf die Dinge gründet, sondern durch Kenntnis Seines Willens, der alle Dinge der gesamten Schöpfung auf Ihn gründet. So sagt auch die Schrift von den Engeln, dass sie von den Dingen unserer Erde nicht deshalb wüssten, weil sie dieselben etwa durch Sinneswahrnehmungen erkannt hätten, sondern gemäß der ihnen von Gott gegebenen intuitiven Kraft, durch die Natur ihres Geistes.[242]

3.

Hierbei ist jetzt aber zu fragen, wie wir denn Gott erkennen? Er ist nicht Gegenstand irgendeines verstandesmäßigen Erschließens. Er ist auch nicht Gegenstand von Sinneswahrnehmungen. Er ist überhaupt kein Gegenstand. Sollte also nicht in Wahrheit zu behaupten sein, dass wir Gott überhaupt nicht aus Seiner eigenen Natur erkennen – denn diese ist etwas für uns Unbegreifliches und übersteigt jedes Verstehen und Erkennen – wohl aber aus der Ordnung des ganzen Universums, aus den Einrichtungen Seiner ganzen Schöpfung? Denn diese ist durch Ihn vor unsere Augen gelegt, sie enthält gewisse Nachbildungen Seiner göttlichen Eigenschaften, gewisse Ähnlichkeiten, gewisse Anklänge. So können wir vielleicht zu dem allüberragenden Wesen auf methodischen Wegen emporsteigen, nach unseren Kräften, indem wir zunächst alles Endliche Ihm absprechen, Ihn über alles erheben, was wir innerhalb Seiner Schöpfung finden können, und Ihn als die Ursache von allem setzen? So wird Gott in allem und doch gesondert von allem als über alles erkannt. Dann können wir zu Gott sowohl durch Kenntnis als auch durch Unkenntnis einen Weg finden.

Es gibt also doch Erkenntnis von Ihm, Verstehen, Wissenschaft Seiner Herrlichkeit, Berührung, Sinneswahrnehmung, Fühlen, Meinung, Einbildung und Namen und noch anderes – und doch wird Er selbst dabei nicht erkannt, nicht ausgesprochen, nicht genannt. Da Er nichts von allem ist, was existiert, kann Er auch in keinem der existierenden Dinge erkannt werden. In allem ist Er alles; also in keinem Ding ist Er etwas.

Er wird aus allen Dingen von allen erkannt und wird doch aus keinem einzigen Ding von irgendjemand jemals erkannt.

Mit Recht also machen wir solche bejahende und verneinende Aussagen von Gott: Aufgrund von allem Seienden feiert Ihn jedes Geschöpf, dessen Urheber Er ist. Aber die gottnächste Erkenntnis von Gott ist dann doch wieder diejenige, die gemäß der unmittelbaren Einung jenseits von allem Wissen und Begreifen von Ihm gütig vermittelt wird, wenn unser Verstehen von allem Seienden sich loslöst, zurücktritt, verstummt, dann sich selbst verlässt und, mit den überhellen Strahlen des Unerschaffenen Lichtes geeint, von der göttlichen Urquelle her mit unerforschlichen Tiefen der Weisheit beschenkt wird.

Doch ist diese Weisheit, wie immer wiederholt werden soll, auch aus allem Geschaffenen zu erkennen; denn sie – die Weisheit Gottes – schafft[243] und ordnet[244] alles füglich und immerdar, wie das Schriftwort sagt. Sie ist die Ursache des unlösbaren Gefüges und der Gesamtordnung im All. Sie verknüpft allezeit die einzelnen Ordnungswelten miteinander, die Enden der höheren mit den Anfängen der jeweils tieferen. Sie ist es, die alle Harmonie und Schönheit des Kosmos als Einheit und Ganzheit gestiftet hat und erhält.

4.

In der Heiligen Schrift wird Gott auch als Vernunft gefeiert, als das Sinnstiftende, das schöpferische Wort.[245] Dies aber nicht bloß, weil Er für alle der Spender von Vernunft, Verstand und Weisheit ist; sondern weil Er auch die Ursachen von diesem wie von allem vorweg und eingestaltig in sich selbst birgt, und weil Er mit diesem, wie mit allem, jegliches Geschaffene durchdringt. Oder, wie die Schrift sagt, indem Er durch alles bis zum Ende aller Dinge hindurchgeht.[246]

Stärker noch ist dieser Gottesname durch Folgendes begründet: Die göttliche Vernunft ist einfacher als jede denkbare Einfachheit, und zugleich übersteigt und umfasst sie gemäß ihrer Natur jede geschaffene Natur und alle geschaffenen Wesen, sie ist daher von aller Schöpfung losgelöst. In der gesamten Schöpfung gibt es kein Ihr angemessenes Attribut. Diese Vernunft Gottes ist die einfache Wahrheit des Seins und des Wirklichen, auf sie als auf die einzige reine und untrügliche Erkenntnis ist unser aller Glaube gerichtet, sie ist die unerschütterliche Grundlage für alle Getreuen, sie ermöglicht es uns, mit unserem Denken auf dieser lauteren Wahrheit zu fußen, durch sie besitzen wir die Voraussetzungen und Grundelemente für jedes Verstehen und für alle Weisheit.

Wenn Erkenntnis die Eigenschaft haben kann, Erkennende und Erkanntes zu einigen, Unwissenheit dagegen für alle Unwissenden stets zum Anlass von Irrungen, Entzweiungen, Spaltungen wird, dann sollte den in der Wahrheit Gläubigen nichts von der Grundlage des wahren Glaubens abbringen können, denn wie die Heilige Schrift sagt, er wird in dieser Erkenntnis Gottes Beständigkeit finden und die unerschütterliche Sicherheit und Festigkeit des eigenen Herzens.[247] Wer mit der Wahrheit fest verbunden ist, der weiß sehr genau, dass er geborgen bleibt, mag ihn auch die Menge einen Narren schelten, wie einen, der außer sich wäre; denn der Menge entgeht freilich, dass jener außerhalb des Irrtums steht, weil er durch den echten Glauben zur Wahrheit herangetreten ist. Er selbst aber erkennt sehr wohl den richtigen Weg und weiß, dass er von diesem Weg niemals abweichen darf, nicht, wie die Menge glaubt, als ein Wahnwitziger, sondern als ein Mensch, der gerettet worden ist, aus dem unbeständigen und veränderlichen Umhertreiben des Geistes ohne Maß, aus der mannigfachsten Buntheit befreit worden ist, da er die einfache Wahrheit des Göttlichen fand. Diese allein bleibt stets sich selbst gleich und ist auch stets auf das Gleiche gerichtet.

Darum sterben denn auch die vornehmsten Meister unserer Gottesweisheit jeden Tag für die Wahrheit,[248] darum bekennen sie, wie geziemend, darum legen sie mit jedem Wort und jedem Werk für die in unveränderlicher Gleichheit eingestaltige,[249] wahrhafte Erkenntnis der Christen Zeugnis ab, und darum bekunden sie vor aller Welt, dass unter allen anderen Erkenntnissen die christliche einfacher und göttlicher ist, oder vielmehr die allein wahre ist, die einzige und einfache Erkenntnis Gottes.

KAPITEL VIII

ÜBER MACHT, GERECHTIGKEIT, HEIL UND ERLÖSUNG

1.

Die Hagiographen feiern die göttliche Wahrheit und die alles Wissen überstrahlende Weisheit Gottes auch als Macht und Gerechtigkeit Gottes und nennen sie auch Heil und Erlösung. Darum wollen wir jetzt auch diese Gottesnamen erklären und – soweit uns dies möglich ist – sie zu deuten versuchen. Dass die Urgottheit erhaben und unerreichbar weit hinausgerückt über jegliche Macht ist, die nur immer irgendwo vorgefunden oder irgendwie ausgedacht werden mag, wird wohl niemand mehr verkennen, der von göttlichen Dingen je irgendetwas erfahren hat. Die göttliche Offenbarung hat ja dieser Macht die Herrschaft zugeschrieben[250] – das Reich Gottes – und diese auch von den überhimmlischen Mächten unterschieden.

Aber wie kommt es, dass die Hagiographen diese göttliche Herrschaft überhaupt als Macht feiern, da sie doch über jegliche Macht entrückt ist? Wie sollen wir, auf das Reich Gottes bezogen, den Namen »Macht« auffassen?

2.

Gott ist Macht und mehr als Macht, insofern Er alle Macht in Überfülle besitzt und sie vorweg besitzt, noch ehe sie irgendwo verwirklicht sein konnte – also insofern Er der Schöpfer von Macht überhaupt ist, von Macht an sich als Prinzip aller Macht, deren alleiniger Urheber stets nur Er selbst ist – insofern durch Ihn die Idee der Macht Wesen und Dasein erhalten hat, in ihrer Gesamtheit und in allen ihren Einzelerscheinungen.

Ferner wird Gott auch Macht genannt, insofern Er selbst unbegrenzt mächtig ist und diese Macht auch wirklich ausübt, als Schöpfer ausübt, oder mit anderen Worten, nicht bloß weil Gott jegliche Macht erst ins Dasein ruft, sondern auch, weil Er zugleich vor und jenseits von aller Macht und Übermacht und Macht an sich ist, zugleich übermäßiges Vermögen des Wirkens besitzt und in unbegrenztem Maß unzählige Mächte nach Seinem Willen immer neu ins Dasein ruft: Mächte, die von allen schon existierenden Mächten verschieden sind.

Weiterhin nennen wir Gott auch Macht, weil die zahllosen alten und ins Unbegrenzte neu hervorgebrachten Mächte nie das über alle Grenzen mächtige Schaffen Seiner Mächte spendenden Urmacht erreichen oder irgend abzuschwächen vermöchten.

Endlich nennen wir Ihn Macht, auch im Sinne der unaussprechlichen, unerkennbaren und unausdenkbaren Eigenart Seiner alles übertreffenden Macht, welche durch ihre Überfülle auch die Schwäche stark macht, ja auch noch in ihren weitesten Ausläufern und Nachklängen alles beherrscht. Etwa wie wir auch bei allen in die Sinne fallenden Mächten beobachten können, dass ihre Überstärke jede Art von gesetzten Schranken durchbricht, wie etwa überstarkes Licht auch in Augen dringen kann, die sonst schon erloschen schienen, oder ein überstarker Schall auch schon ertaubte Ohren wieder hörend macht (freilich, das ganz und gar Gehörlose ist nicht mehr Ohr zu nennen, und das vollständige blinde Auge ist auch kein Auge mehr. Sie haben aufgehört, Sinnesorgane zu sein – sie sind Nicht-Seiende).

3.

Auf alles Seiende aber erstreckt sich die unbegrenzt mächtige Machtausstrahlung Gottes, und es gibt schlichthin kein Ding, dem es benommen wäre, irgendwelche Macht zu besitzen. Alle haben sie entweder ein geistiges oder ein Vernunftvermögen oder Sinne oder Lebenstrieb oder das einfache Beharrungsvermögen eines mehr oder minder undurchdringlichen Seins, wie die Materie es hat. Auch dieses bloße Sein hat seine Macht zum Sein nur von der überwesentlichen Macht Gottes.

4.

Auch die der göttlichen Macht nachgebildeten Mächte der Engelsordungen hängen vom Willen und von der Schöpfermacht Gottes ab; durch sie wurde ihnen ihre Beharrlichkeit geschenkt. Das Unablenkbare ihres Wissens kommt von Ihm – und das Unablenkbare ihres Geistes. Wie auch ihr unablenkbares Streben nach dem Guten aus der Macht der göttlichen Güte stammt, so empfangen sie die Durchsetzungskraft ihres Begehrens und den unablässigen Willen in diesem Begehren selbst aus der grenzenlosen Macht Gottes.

5.

Auch in Menschen und Tieren, sogar in Pflanzen und überhaupt in der guten Natur des Alls strömen die Kräfte der nie versiegenden Macht Gottes hervor. Diese Macht ist es, die das Geeinte zu gegenseitiger Freundschaft und zu aktiver Gemeinsamkeit befähigt; sie treibt das Geschiedene zur unvermischten Ausbildung seiner Sonderart an, gemäß der jeweils einer Gruppe verliehenen Seinsform, nach ihrer Wesensbestimmung. Die Macht Gottes ist es, welche die großen Ordnungen des Alls und die verschiedenen Einrichtungen[251] des Universums auf das jeweils eigentümliche Gute hin unverwandt gerichtet hält, das unsterbliche Leben der Engeleinheiten[252] unversehrt bewahrt, die himmlisch leuchtenden Riegen der Sterne in ihren Bahnen unveränderlich zu kreisen zwingt und ihnen Aeonen-Dauer verleiht.

Die Macht Gottes ist es, welche den Ablauf der Zeit nach den Umläufen der Sterne unterteilt und durch deren periodische Wiederkehr die Zeiten in große Einheiten zusammenschließt. Sie ist es auch, welche die Kräfte des Feuers nicht erlöschen und die Strömungen des Wassers nicht versiegen lässt, das Luftmeer der Erde begrenzt, die Erde selbst auf Nichts begründet als auf ihr eigenes Beharren und ihre Leben zeugende Geburtswehen jedes Mal vor dem Untergang schützt.

Die Macht Gottes ist es wieder, die das harmonische gegenseitige Ineinander der Elemente bewahrt, ihr Vermischtsein, ihr Verbunden- oder Unverbundensein, unverändert in allen ihren Änderungen und untrennbar in all ihren Trennungen. Sie ist es, die Leib und Seele zusammenhält. Sie ist es, welche die Nähr- und Wachstumskräfte der Pflanzen erweckt, die unaufhörliche Dauer des Weltganzen sicherstellt, selbst die Heiligung gewährt, da sie denen, die geheiligt werden sollen, die Kraft der Heiligkeit verleiht.

Es gibt nichts, im gesamten All, unter allem, was existiert, dem die allgewaltige Sicherung und Umschirmung durch ein Quäntchen göttlicher Macht versagt wäre; denn das, was ganz und gar keine Macht besitzt, existiert auch nicht, ist nichts von irgendwelcher Art, da nichts mehr an ihm gefunden werden kann, das bejaht zu werden fähig wäre.

6.

Aber der Magier Elymas[253] hat behauptet: Wenn Gott allmächtig wäre, wie dürfte dann von einem Hagiographen behauptet werden, dass Gott irgendetwas nicht könnte? (Er schmähte hiermit den göttlichen Paulus, der gesagt hatte, Gott könne sich selbst nicht verleugnen).[254]

Indem ich das hier vorbringe, fürchte ich wahrhaftig, wegen offenbarer Torheit mit Recht verlacht zu werden. Es ist, als ob ich mich großartig rüsten wollte, die von spielenden Kindern aus Sand gebauten schwachen Festungsbauten zu zerstören, und als ob ich mich beeiferte, für das theologische Verständnis dieses Apostelwortes zu streiten, obwohl es doch keinerlei Schwierigkeiten zu bieten vermag; denn die Verleugnung des eigenen Wesens ist ein Abfall von der Wahrheit. Die Wahrheit aber ist ein Seiendes, und der Abfall von der Wahrheit ein Abfall vom Seienden. Wenn aber die Wahrheit ein Seiendes ist und die Leugnung der Wahrheit ein Abfall vom Seienden, so kann es nicht geschehen, dass Gott vom Seienden abfalle. Denn es ist Ihm in genau demselben Sinne ein Nichtsein nicht möglich, in welchen ich von Gott ganz gewiss auch sagen kann: Er kann das Nichtkönnen nicht, oder Er weiß das Nichtwissen nicht – Er ist nichts nicht.

Das hat der weise Elymas anscheinend nicht begriffen, und er ahmt gewisse unerfahrene Wortfechter nach, die sich oft einbilden, sie hätten es mit ganz schwachen Gegnern zu tun. Gegen deren Schatten führen sie den mutigen Scheinangriff aus, schlagen kräftig in die Luft, als ob dort jemand getroffen werden könnte, und nach dieser ebenso unnötigen wie vergeblichen Spiegelfechterei glauben sie tatsächlich, ihre Gegner besiegt zu haben und rufen sich selbst mit viel Geschrei als Sieger aus, ohne die Stärke ihrer Gegner im Geringsten zu kennen.

Wir wollen uns lieber – nach Möglichkeit – an den großen Theologen halten, der den übermächtigen Gott als allmächtig, als glückselig, als alleinigen Machthaber feiert, als den, der in seiner unaussprechlichen Allgewalt über die Ewigkeit herrscht. Wir wollen Gott preisen als den, der in keiner Hinsicht eine Minderung in der Fülle des Seins je erleiden kann. Viel mehr aber noch als den, der alles Seiende gemäß Seiner Macht über alles Wesen und Sein hinaus in Überfülle besitzt, alles vorweg und voraus vor aller Schöpfung besitzt, und der allem, was existiert, das Vermögen zu existieren und gerade dieses Wesen zu sein und auch den Drang, es zu sein (und auch die Wirklichkeit, es zu sein), gemäß der Überfülle Seiner unendlichen Macht verliehen hat.

7.

Gott wird auch als Macht der Gerechtigkeit gefeiert und der Gerechte genannt. Er lässt allen Wesen das ihnen Gebührende zukommen, Er gibt ihnen Ebenmaß und Schönheit, stiftet ihre guten Ordnungen und deren wirksame Rangstufen, schützt ihre Verfassungen und bestimmt für jedes Wesen die wahrhaft gerechten Gesetze seiner Bewegung und seines Wirkens – Er ist für alle Dinge der Urheber ihrer eigentümlichen Selbsttätigkeit.[255] So ordnet und bestimmt die göttliche Gerechtigkeit alles und jedes, greift ein, bewahrt vor Eingriffen, damit die Dinge und deren Beziehungen stets rein und unverfälscht so bleiben, wie es ihnen entspricht, und wie sie gestiftet worden sind, gemäß der verschiedenen Würdigkeit, wie sie jedem Wesen der Schöpfung in seiner Art eben zukommt.

Wenn wir das, was wir hier behaupten, mit Recht behaupten, so werden alle, die der göttlichen Gerechtigkeit Vorwürfe machen, Verurteiler ihrer eigenen offenbaren Ungerechtigkeit sein, vielleicht ohne es zu merken; denn sie sagen dadurch nichts anderes, als dass den sterblichen Wesen Unsterblichkeit innewohnen sollte, den Unvollkommenen Vollkommenheit, den mit eigengesetzlicher Bewegung Begabten eine von außen kommende zwangsweise Bewegung, den veränderlichen zwangsweise Unveränderlichkeit, den Schwachen die vollkommene Macht. Die zeitlichen Dinge müssten ewig, die von Natur als Entwicklungsprozesse bewegten müssten starr und die durch Kontrast aufschäumenden Freuden müssten immerwährend sein. Überhaupt wollen sie immer den einen zuteilen, was sie an anderen sehen, weil es diesen anderen gemäß ist. Man sollte doch wohl wissen, dass die göttliche Gerechtigkeit gerade durch ihre verschiedenen Zuteilungen in aller Wahrheit und in aller Wirklichkeit eine echte Gerechtigkeit ist: Allen Geschöpfen gewährt sie das ihnen Eigentümliche, gemäß der Würdigkeit ihres Tuns. Der Natur jedes Dinges gibt sie Bestand auf der gerade ihm zukommenden Stufe der Ordnung und Macht.[256]

8.

Hier könnte jemand freilich einwenden: Wie verträgt es sich mit der Gerechtigkeit, heilige Männer ohne Hilfe zu lassen, wenn sie von den Bösen ins Elend gebracht werden? Die Antwort hierauf muss lauten: Wenn die Männer, die du heilig nennst, jene irdischen Dinge lieben, nach denen die Irdischgesinnten gar so eifrig begehren, dann sind sie von der Liebe zu Gott ganz und gar abgekommen. Ich sehe nicht, wie sie dann noch Heilige genannt werden könnten, denn sie beleidigen das wahrhaft Liebenswerteste und Göttlichste, wenn sie in gottloser Weise dies Göttliche nicht Dingen vorziehen, die ganz und gar nicht vorzuziehen und am allerwenigsten mit Liebe und Eifer zu erstreben sind. Wenn sie dagegen das wahrhaft Seiende lieben, so müssen sie sich freuen, sobald sie bei ihrem Streben nach irgendwelchen wirklichen Dingen das Erstrebte auch wirklich erreichen. Oder nähern sie sich nicht umso mehr den Tugenden der Engel, wenn sie nach Möglichkeit sich von den leidenschaftlichen Begierden nach materiellen Dingen vollkommen loslösen, indem sie nur noch nach dem Göttlichen verlangen? Üben und stärken sie sich nicht gerade darin, wenn sie den Schwierigkeiten, die dem Guten entgegenstehen, recht mannhaft entgegentreten?

Mit Recht kann deshalb gesagt werden, der göttlichen Gerechtigkeit entspricht es viel eher, die männliche Kraft der Besten nicht durch Verleihung materieller Güter zu verweichlichen und die Stärke ihrer Fähigkeiten nicht durch Mangel an Übung verkümmern zu lassen. Wenn jemand dies dennoch an ihnen zu tun versuchte, dann greift die göttliche Gerechtigkeit ein, indem sie solche Männer nicht ohne Hilfe lässt: Sie gibt ihnen die Gelegenheit, sich in ihrem guten und unerschütterlichen Stand zu bewähren. Also vergilt sie ihnen, als Männer von solcher Tugend, nur nach Gebühr.[257]

9.

Auch als »Das Heil« wird die göttliche Gerechtigkeit gefeiert; denn ihr Walten bewahrt und behütet die eigentümliche und reine Wesenheit jedes Dinges, schützt seine eigene Seinsstufe gegenüber allen anderen Seinsstufen. Sie ist auf lauterste Weise die Ursache und Hüterin aller Eigentätigkeiten in der gesamten Schöpfung.

Will aber jemand den Namen Gottes als das Heil auch noch in weiterem Sinn feiern und erinnern, dass ja Gottes Heil Seine ganze Schöpfung auch immer wieder aus dem Schlechteren zum Besseren führe, ja emporreiße, so wollen wir auch diese Auslegung der Schrift bejahen und auch diesen Lobredner des vielfältigen Heilsweges einer universalen Weltentwicklung gern gelten lassen. Nur müssen wir dann von ihm verlangen, dass er erkenne, oberster Sinn dieses Heils ist vor allem, jedes Ding nach seinen *ihm selbst* eigentümlichen Wesensmomenten wohl einzurichten und ohne unfruchtbaren Kampf und Krieg aufrecht zu bewahren, alle fremdartigen Einwirkungen und auferlegten unnatürlichen Ungleichheiten aus dem Universum fernzuhalten. Auch die Beziehungen jedes einzelnen Dinges und der Dinge zueinander fügt das göttliche Heil so zusammen, dass diese Beziehungen nicht im Laufe ihrer Eigenbewegungen gegeneinander ins Gegenteil umschlagen und also verkehrt werden.

Mit der Heiligen Schrift dürfte auch das Lob in Einklang sein, das jemand dem göttlichen Heil etwa in folgendem Sinn darbrächte: Er kann auch die allrettende göttliche Güte rühmen, die sämtliche geschaffenen Dinge vom Sturz aus dem ihnen verliehenen Stand wieder erlöst, soweit es die Natur eines jeden der geretteten Wesen zulässt. Deshalb nennen auch die Hagiographen diese Art des Heils »Die Erlösung«.

Die Erlösung nämlich lässt auch schon wirklich Seiendes wieder ins Nichtsein zurücksinken – sie ist die Wiederherstellung eines vorigen Standes. Auch wenn ein Wesen ins Fehlerhafte ausgleitet und dadurch irgendeine Minderung in der Vollkommenheit der ihm eigentümlichen Güter erfährt, kann dieses Wesen von Leid, Schwäche und Mangel wieder erlöst werden – die allrettende Güte ergänzt das Mangelnde, verzeiht väterlich, wo aus Schwäche gefehlt worden ist, richtet aus dem Bösen wieder auf, oder vielmehr sie stellt diese Wesen wieder ins Gute zurück, glättet und ordnet neu, was in Unschönheit und Unordnung geraten war, führt einen vollkommenen Abschluss des Vergangenen herbei und reinigt von allen Besudelungen.[258]

Über dies alles – die Erlösung, das Heil, die Gerechtigkeit – sei hiermit genug gesagt. Nur in diesem Sinn ist uns Gleichheit zugemessen und Gerechtigkeit für alle Dinge vorbestimmt, nur in diesem Sinn Ungleichheit und Beraubung des Wesentlichen wirklich ausgeschlossen. Wenn jemand etwa als ungerechte Ungleichheit die Unterschiede im Weltganzen verstünde, wodurch die allverbindende Wechselseitigkeit der Schöpfung selbst aufrechterhalten wird, so wäre ihm zu erwidern, dass es gerade die Gerechtigkeit ist, welche diese Unterschiede bewahrt und nicht zulässt, dass das Ganze sich mischt und vermengt und so durcheinander gerät und verwirrt wird. Gottes Macht und Gerechtigkeit und heilende Liebe behütet die existierenden Dinge alle in der eigenen, einem jeglichen zukommenden Art, in welcher von Natur aus zu existieren und von sich aus zu wirken jedes von ihnen geschaffen worden ist.[259]

KAPITEL IX

DAS GROSSE UND DAS KLEINE UND DIE SELBSTGLEICHHEIT

1.

Dem Urheber von Allem wird in den Heiligen Schriften auch die Größe beigelegt und so auch die Kleinheit, Gleichheit und Verschiedenheit, Ähnlichkeit und Unähnlichkeit, Ruhe und Bewegung.[260] Darum wollen wir jetzt auch diese Gottesnamen betrachten, soweit sie sich von uns durch Deutung eröffnen lassen.[261]

Als »der Große« wird Gott in der Heiligen Schrift gefeiert, wenn vom Ungeheuren innerhalb Seiner Schöpfung die Rede ist, und doch wird Er auch wieder der unfasslich Kleine genannt, der sich in zartestem Lufthauch göttlich zu offenbaren vermag.

Als der Immergleiche wird Er gepriesen, wenn die Schrift sagt »Du aber bist stets Ebenderselbe«,[262,263] und als der immer Verschiedene – dem nichts und niemand gleicht – wenn Er in den gleichen Schriften wegen der Vielförmigkeit und Allgestaltigkeit Seiner stets überragenden Offenbarungen gerühmt wird. Als Ähnlicher, sofern er Echo, Widerhall und Nachbilder begründet, und als Unähnlicher, sofern gerade hierbei nichts Ihm selbst jemals wirklich gleichen kann. Als Stehender und Unbewegter, sofern Er in Ewigkeit thront, und als allzeit Bewegter, insofern Er über alles hin und in alles eindringt. So ist es mit allen übrigen Gottesnamen dieser Art, durch welche derartige Eigenschaften und Erscheinungen innerhalb der Schöpfung als Offenbarungen Gottes von Verfassern der Heiligen Schriften gefeiert werden.

Im Einzelnen: Groß wird Gott genannt, weil ja der Kontrast, als groß und gewaltig zu wirken, neben anderem, was klein ist, überhaupt ein Merkmal der Schöpfung ist, darin die göttliche Eigenschaft des Allumfassens auch durch einzelne Erscheinungen gespiegelt werden kann, in Größen, die jeden Raum umfangen, jede Zahl überschreiten und sogar das Unendliche auszumessen scheinen. Gemäß solcher Überfülle und Wirkung ins Große wird Gott dann groß genannt und ebenso wegen aller Gaben, welche gerade darin ihren Ursprung haben, insofern sie nämlich ebenfalls ganz und gar unverringert bleiben, auch wenn sie sich durch unendliche Spenden in weite Fernen ergießen; und wenn alle Wesen daran teilhaben können, die gleiche Überfülle empfangen können, ohne dass die Quelle durch solche Entnahme im Geringsten vermindert wird – sie mag sogar in noch stärkerem Maß überfließen.

Dieser Begriff der Größe als des Unbegrenzten, das nicht messbare oder zählbare Quantitäten kennt, und dieser Überschwang im Mitteilen der Fülle ist der Sinn des Gottesnamens, der die unfassbare Größe des Schöpfers feiert.

2.

Auch Kleines und für uns wegen seiner Winzigkeit oder Zartheit Ununterscheidbares, das durch alles ungehindert durchzudringen und überallhin sich zu verbreiten vermag, wird als von Gott kommend ausgesagt; denn das Kleinste ist überall die elementare Ursache von allem Besonderen. Nirgends wirst du finden, dass die Form es ist, die sich vom Kleinen dem Großen mitgeteilt hätte. Genauso – als Samenkorn – muss man auch bei diesen Namen Gottes die Anspielung auf seine Kleinheit auffassen.

Aber auch noch in einem anderen Sinn ist das Kleine göttlich: Nämlich als das ungehindert und unaufhaltsam überall Eindringende und Wirksame, bis zur Trennung von Seele und Geist, bis zur Unterscheidung von Mark und Gefüge oder von Gedanken und Absichten des Herzens[264] oder besser gesagt, bis zur Unterscheidung der Absichten aller Kreatur – und von allem, was es in dieser Art gibt. Kein Geschöpf ist vor Gottes Angesicht verborgen.[265]

Dieses Kleine ist oft so winzig, dass es weder in Quantität noch in Qualität zu erfassen ist. Es scheint ohne Ende und ohne Beschränkung und ohne Grenze zu sein, so dass es gerade in seiner Kleinheit alles umfasst, selbst aber keiner Umfassung unterworfen ist.

3.

Der Name des Sich selbst immer Gleichen bedeutet, von Gott ausgesagt, Seine Unveränderlichkeit über Zeit und Ewigkeit und über alle Wesensbestimmungen hinaus: Gott verbleibt in Sich und entwickelt sich nicht, denn alle möglichen Verhältnisse sind in Ihm jederzeit erfüllt, alle stets in gleich vollständiger Weise. Er ist allezeit in allem gegenwärtig, unumstößlich, nicht zu verringern und nicht zu vermindern, unverderblich, unnachgiebig, unwandelbar, unvermischt, körperlos und einfach, unbedürftig, nicht zu ermessen, ungeworden, niemals wie im Werden oder noch zu vollenden, niemals wie erzeugt oder doch erzeugbar, niemals durch irgendetwas bedingt oder doch bedingbar, auch nicht in dem Sinn, dass Seine Erzeugung überhaupt denkbar wäre, oder gar, dass Er ohne dieselbe nicht existieren würde.[266] In Ewigkeit bleibt Er außerhalb jeder möglichen Kategorie von Zeugung überhaupt und stellt sich ihr nicht.

Er ist das Ewige, ewig Vollkommene, ewig Eine und Einzige, das Wesen, das ewig über alles Wesenhafte hinaus Wesen erschafft und Wesen erwirkt, nur Sich selbst gleich, ungeworden immerdar, alle Gestalten und Formen in sich einbegreifend und doch selbst außerhalb jeder Form oder Gestalt. Er haucht allen Wesen, die überhaupt dazu fähig sind, das Wesenhafte ein, das Sein, den Bestand und auch wirkliche Gegenwart – und das heißt doch, die Fähigkeit, sich selbst gleichzubleiben – jene Fähigkeit, an der wir Wesenhaftes überhaupt erkennen. So verbindet Er auch das Verschiedene mit dem Verschiedenen, indem er ihnen durch die Gabe Seines immergleichen Gleichgewichts die Fähigkeit und die Bande der Dauer verleiht.

In Ihm sind vorweg alle Gegensätze enthalten, im Wesen Seiner Allheit und Einheit und daher Ewiggleichheit, als in der einzigen Allursache, die alles vereinigt und jenseits aller Vereinigung dieselbe bleibt – als Schöpfer des Urprinzips aller Identität.

4.

Aber auch »der Verschiedene« wird Gott in den Heiligen Schriften genannt; denn er ist überall zugleich gegenwärtig, in allen unerschöpflich verschiedenen Formen der Wesen, und wirkt in ihnen allen als fürsorgliche Vorsehung um des universalen Heiles der Schöpfung willen.[267] Aber Er tritt dabei nicht etwa aus der eigenen ewigen Selbstgleichheit heraus, und Seine Wirksamkeit ist immer und überall und in allen unabsehbar verschiedenen Formen die gleiche. Durch seine allumfassende Macht teilt Er sich allen mit, um dem Gottesbild alle jene ähnlich zu machen, die sich zu Ihm bekennen.

Es ist aber auch hier wieder zu vermerken, dass nicht bloß die Verschiedenheiten der mannigfachen Erscheinungsformen gemeint sind, in denen jede uns von ihm gesandte Vision Seiner Herrlichkeit vor unseren Augen auftauchen kann. Nein, diese Verschiedenheit bedeutet noch etwas ganz anderes als die Verschiedenheit der Bilder und der Gegenstände, die Ihm ähneln oder die an Ihn erinnern sollen. So als wenn unser Verstand sich von unserer Seele ein Bild machen will und versucht, sie sich nach körperlicher Art vorzustellen. Trotzdem die Seele gewiss keine Glieder hat, wird sie dann mit körperlichen Gliedern abbilden müssen, eben nach Art der Körperlichkeit. Aber er wird diese nur vorgestellten und im Bild der Seele hinzugeschauten Glieder dann anders verstehen müssen. Wohl wird er die Vernunft als Haupt, die Meinung – weil diese in der Mitte zwischen Verstand und triebhaftem Unverstand zu wohnen pflegt – etwa als Kehle, den Zorn als Brust und die Begehrlichkeit als Bauch der Seele abbilden können, und ihren Tätigkeitstrieb vielleicht als Hände und ihren Wandertrieb als Füße. Aber wenn wir die Namen der Glieder des Körpers als Sinnbilder für seelische Kräfte gebrauchen wollen, dann müssen wir uns immer wieder daran erinnern, dass diese Kräfte in der Seele nicht körperlich geschieden und nicht trennbar sind.

In wie viel höherem Grade trifft dies zu – bei allem Überragen der Verschiedenheiten in den darzustellenden Kräften – wenn solche Formen und Gestaltungen unserer erinnernden und vergleichenden Vorstellung nicht die Kräfte unserer Seele, sondern die Kräfte Gottes uns versinnbildlichen sollen. Da müssen wir uns durch heilige, gottgeziemende, mystische Erklärungen zu einer reineren Auffassung erheben.

Wenn du auf Gott die Beschaffenheiten der Körper übertragen willst, die nach den drei Dimensionen des Raumes sichtbar sind, obwohl Gott keiner körperlichen Berührung zugänglich und keiner räumlichen Gestaltung unterworfen ist, dann wirst du etwa göttliche Breite die überweite Ausbreitung Gottes in alle Seine Geschöpfe nennen, göttliche Länge das Durchdringen Seiner überallhin bis ins Unzugängliche sich erstreckenden göttlichen Macht und Vorsehung, göttliche Tiefe endlich Seine allen Wesen unfassliche Heimlichkeit und Unerreichbarkeit.

Aber wir wollen nicht, ohne selbst zu merken, unsere Erklärung der verschiedenartigen Gestalten und Formen der heiligen Darstellung von Gottesnamen dadurch verwirren, dass wir etwa die geistigen, unbildlichen Benennungen mit jenen vermengen, welche aus sinnfälligen, sinnbildlichen Symbolen gebildet werden! Darum werden wir diese – die sinnbildlichen – lieber in der »symbolischen Theologie« genauer untersuchen. Für jetzt wollen wir uns damit begnügen, erinnert zu haben, dass keinesfalls die göttliche Verschiedenheit körperlich aufgefasst werden darf, räumlich oder zeitlich, oder überhaupt lokalisierbar, oder als Minderung in der einig-einzig-ewig unveränderlichen Selbstgleichheit Gottes. Es sind nur verschiedene – für uns verschiedene – Erscheinungsformen des einig-allgegenwärtigen Hervortretens Seiner universalen Zeugungsfülle.

5.

Wollte jemand Gott »den Ähnlichen« nennen – oder den Stifter des Ähnlichen – sofern Er stets ein und derselbe ist, ganz und gar nur sich selbst ähnlich in seinem ewig unwandelbaren und unmittelbaren Sein; dann dürfen wir auch diesen Namen der Ähnlichkeit nicht ausschließen. Indes, die Verfasser der Heiligen Schrift sagen ausdrücklich, dass der über alles erhabene Gott nur sich selbst gleich sei in seiner alle Schöpfung übersteigenden Über- und Allwesenheit, und dass Er keinem geschaffenen Wesen je ähnlich sein könne. Aber denen, die sich Ihm zuwenden, gewähre Er manchmal Gottesähnlichkeit durch möglichste Nachahmung dessen, was über alle Grenzen und Begriffe hinausliegt. Die Macht der göttlichen Ähnlichkeit bestünde darin, dass ihr Anblick alles Geschaffene zu seiner Ursache hinwende.

Diese Erscheinungsformen der Wesen also sind es, die nach der Schrift und gemäß dem göttlichen Bild und Gleichnis gottähnlich zu nennen erlaubt wäre.[268] Sie können also Gott ähnlich sein – aber dass Gott in irgendetwas ihnen je ähnlich sei, das darf niemals behauptet werden, in keiner Weise. Schließlich ist nicht einmal ein Mensch seinem eigenen getreuesten Abbild auch nur irgendwie ähnlich.

Nur bei Dingen, die auf gleicher Stufe des Seins stehen, ist gegenseitige Ähnlichkeit möglich, so dass die Ähnlichkeiten einander gegenseitig entsprechen. Beide Dinge ähneln einander dann gemäß einer ganz bestimmten vorausexistierenden Idee der Ähnlichkeit.[269]

Um diese Idee der Ähnlichkeit kann es sich hier offenbar nicht handeln. Zwischen einer Ursache und dem durch sie Hervorgebrachten werden wir die Umkehrbarkeit und Gegenseitigkeit des Ähnlichkeitsverhältnisses gewiss nicht zugeben. Und Gott gewährt das Ähnlichsein nicht bloß diesen oder jenen Wesen, sondern allen, die sich Ihm zukehren. Für alle, die an seiner Ähnlichkeit Anteil erhalten, wird Gott der alleinige Urheber dieser ihrer Ähnlichkeit sein. Er ist es auch, der jeder Möglichkeit des Ähnlichseins an sich erst Wesen und Dasein verleiht. Nur durch irgendeine Spur der göttlichen Ähnlichkeit überhaupt ist das in den Dingen auffindbare Ähnliche tatsächlich, ähnlich der göttlichen Ähnlichkeit. Sie ist es, die jegliche Verbindung solcher Art in die Welt bringt.

6.

Aber wozu ereifern wir uns? Die göttliche Offenbarung selbst verkündet es ja, dass Gott das schlichthin unvergleichlich Unähnliche sei, dem im ganzen Universum nicht das Entsprechende gefunden werden kann; und dass Er von allem verschieden ist, was da ist und werden mag. Was noch auffälliger ist: Er selbst hat es uns ja verkündet, dass es nichts Ihm Ähnliches geben könnte.

Und doch widerspricht auch dieses Wort nicht dem Namen des Ähnlichen und der Ähnlichkeit mit Ihm; denn ein und dasselbe Ding kann ebensowohl Gott ähnlich wie Gott unähnlich sein. Ähnlich gemäß der möglichen Nachahmung des ewig Unnachahmbaren, unähnlich gemäß des Abstandes verursachter Dinge von ihrem Urheber, hinter welchem sie in unendlichen und nie zu vergleichenden Maßen zurückbleiben.

7.

Was aber sagen wir über den Namen des Unbeweglichen, des Ruhenden Gottes, oder gar über Seinen Sitz?

Nichts anderes als was wir auch schon gesagt haben, dass Gott stets in sich selbst verbleibt und in nie unterbrochener Selbstgleichheit ewig, beharrlich, fest ist. Die Sicherheit Seines Standortes und Seiner Stellung überragt die des Universums. Stets äußert sich seine Wirksamkeit in gleicher Richtung, auch wenn sie tausend Formen annimmt.

Seine Unbeweglichkeit und vollständige Unbewegbarkeit ist also dahin zu deuten, dass Er allein ewig nur aus sich selbst existiert und über alle Wesen und über alles Wesenhafte hinaus alle Möglichkeit eines Sichveränderns vorwegnimmt – da Er schlichthin alles in allem ist.

So ist Er selbst der Urheber des Ruhestandes und Ruhesitzes, des Ruhens an sich, des Sitzens an sich, und ist dabei über jedes Sitzen und Ruhen und jeden Sitz und jeden Ruhestand erhaben. In Ihm hat alles zusammen seinen Stand und wird infolge des unerschütterlichen Standes aller Wesen und aller Güter von Ihm für alle und für jeden und für jedes unerschütterlich bewahrt.

8.

Aber wie? Wenn uns wieder die Hagiographen sagen, der Unbewegte trete zu allem hervor und bewege sich – ist nicht auch dies in gotteswürdiger Art zu verstehen?

Denn dass Er sich bewege, muss man in frommem Glauben annehmen. Aber nicht dass Er sich bewege in der Weise einer Fahrt, einer Wendung, überhaupt einer Bewegung von Ort zu Ort, weder in gerader Richtung noch kreis- oder spiralförmig. Auch nicht in der diskursiven Art intellektueller oder in der intuitiven Art psychischer oder gar in der spontanen Art körperlicher Bewegungen. Man muss vielmehr unter diesem Namen des Bewegten verstehen, dass Gott alles erst zu Wesen macht, alles erst ins Dasein ruft und Er es ist, der das All zusammenhält. Er ist es also, der überall als Urheber und als Fürsorge aufscheint. Er ist es auch, der an jedem Ort durch Sein universales unwiderstehliches Umfassen und Umgreifen allgegenwärtig ist, in allen Anfängen, Abläufen, Ausgängen und in den fürsorglichen Einwirkungen Seiner allwachen Vorsehung.

Bald sehen wir diese, bald sehen wir sie nicht. So muss man uns auch erlauben, die Bewegungen Gottes, des Unbewegten und Unbeweglichen, in unserer Rede gottgeziemend zu preisen. Unter den geraden Bewegungen können wir das Unbeugsame in Gott erkennen, das plötzliche Aufscheinen Seiner Unerbittlichkeit, die nie aus ihrer Richtung zu bringen ist, und wir mögen sie auch durch das Hervorkommen der göttlichen Wirkung im Werden der Dinge verstehen lernen. Unter der spiralförmigen Bewegung begreifen wir die Sicherheit des Ausgangs und des Endes und den zeugungskräftigen

Ruhestand jeder schöpferischen Einwirkung. Unter der kreisförmigen Bewegung endlich dürfen wir die ewige Selbstgleichheit des Schöpfers in all seinem Tun zusammenfassen, Sein Festhalten von Anfang, Mitte und Ende, Sein Umschließen und Umschlossenhalten, sowie die Hinwendung aller aus Gott hervorstrahlenden Wirkungen zurück zu Ihm.

9.

Man kann wohl auch den in den Heiligen Schriften gebrauchten Ausdruck »Ebenderselbe« oder »der Unveränderliche« oder »Ewige Gerechtigkeit« auf die Bezeichnung »der Gleiche« zurückführen, die wir bereits erklärt haben. Aber in diesem Fall wäre Gott auch noch in einem anderen Sinn »der Gleiche« zu nennen, und nicht nur insofern, als Er keine Teile haben kann und kein Schwanken kennt, nach keiner Seite hin und niemals. Sondern auch insofern, als Gott zu allem und in alles und durch alles auf gleiche Weise dringt. Und noch eine andere Bedeutung ist zu erwähnen: Gott ist es, der die Gleichheit an sich geschaffen hat. Der Gleichheit gemäß erwirkt Er auf gleiche Weise die gleichmäßige Durchdringung aller Dinge ineinander. Der Gleichheit gemäß ermöglicht Er die gleichmäßige Anteilnahme aller teilnehmenden Wesen am göttlichen Wirken, der Gleichheit gemäß schenkt Er jedem einzelnen Wesen die Aufnahmefähigkeit für göttliches Wirken, in der diesem Wesen entsprechenden Art und nach Würdigkeit jedes einzelnen Wesens.

Endlich ist Gott der Ewiggleiche – auch weil er außer und über aller Schöpfung jede Art von Gleichseinkönnen als Wesensgrundsatz vorweg in sich barg und stiftete: Die verstehende der Geister, die deutbare des Verstandes, die erschließbare der Vernunft, die fühlbare der Sinne, die der Erfahrung entsprechende, die Wesenhafte, die im Willen oder in der Natur oder im Ziel gelegene – jede dieser Formen und Möglichkeiten der Gleichheit ist durch Gottes allumfassende Schöpfermacht erst als Gleichheit gestiftet worden, und diese Seine über alle Schöpfung hinausreichende Kraft ist auch innerhalb dieser Welt auf ewig die alleinige Schöpferin jeglicher Gleichheit.

KAPITEL X

ÜBER DEN ALLHERRSCHER, DEN ALTEN DER TAGE, AEONEN UND ZEITEN

1.

Nun ist aber auch der Augenblick gekommen, um in unserer Rede den vielnamigen Gott auch als den »Alleinherrschenden« zu feiern und als den »Alten der Tage«. Das Eine wird Er genannt, weil Er die allbeherrschende Grundfeste aller Dinge ist: Er hält das ganze Universum zusammen, Er umfängt es, Er gründet das All in sich selbst und hält es umschlossen. Er allein ist es, der es unzerstörbar vollenden kann.

Er ist die Grundlage, welche aus sich, ähnlich einer allnährenden, allbeherrschenden und allstützenden Wurzel, irgendwie das Weltganze hervorbringt. Auf ihn wendet sich alles zurück als auf den alltragenden Grund, der alles zusammenhält. Oder wie auf den allumfassenden Ruheboden, der alles in einer einzigen allüberragenden Zusammenfassung sicherstellt, wie Vieles auch in Seinem allumschließenden Halten und Einbegreifen sich drängen mag, nichts lässt Er von sich entfallen, nichts stürzt nach außen ab, so dass es etwa von einer ganz und gar vollkommenen Heimstätte losgerissen würde und völlig zugrunde ginge.[270]

Aber auch noch in einem anderen Sinn wird die Urgottheit »der Allbeherrschende« genannt. Nämlich insofern, als sie alles in ihrer Gewalt behält und über die regierten Wesen herrscht, ohne sich mit ihnen zu vermischen. Insofern auch, als sie allen ein Gegenstand der Verehrung und Liebe ist, allen ein freiwillig zu tragendes Joch auferlegt und allen die süßen Wehen der göttlichen, allbeherrschenden und unvergänglichen Liebe einflößt – der Liebe als schwache Antwort auf ihre eigene Güte.

2.

Als der »Alte der Tage« aber wird Gott auch gefeiert.[271] Er selbst ist Aeon und Zeit aller Dinge, die durch Ihn sind – und doch ist Er vor allen Tagen und Zeiten und Aeonen.

Es ziemt uns dennoch vor dem Göttlich-Unendlich-Ewigen, dass wir Ihn auch Zeit nennen – Augenblick, Tag, Aeon, insofern Er in jeder Bewegung unveränderlich und unbewegt bleibt, oder vielmehr jede Bewegung allumfassend lenkt und doch in Sich selbst ruht und Urheber aller Aeonen, Zeiten und Tage ist.

In den heiligen Theophanien der mystischen Gesichte erscheint Er uns deshalb sowohl mit grauweißen Haaren[272] als auch in jugendlicher Gestalt.[273] Die Nachbildung der einen soll an Sein Alter erinnern und an Sein Wirken vor und für jeden Anbeginn, das Jugendliche der anderen Bilder dagegen deutet an, dass Er nie altern kann.

Die beiden Erscheinungsweisen lehren uns aber auch, dass Er von Anbeginn durch alle Zeiten hindurch bis zu Ende weiter voranschreitet. Oder, wie unser göttlicher Weihespender sagte, beides offenbart das göttliche Altehrwürdige – unser Gebundensein durch Ihn, an Überliefertes – so dass die

Gestalt des Älteren das Erste der Zeit nach, die des Jüngeren aber das Ursprünglichere im Reiche der Zahl bedeuten würde; denn die Einheit und die nächst um die Einheit geordneten Zahlen sind ursprünglicher als die weiter hinaus fortgeschrittenen.

3.

Wir sollten aber auch, so scheint es mir, das Wesen von Zeit und Aeon aus den Heiligen Schriften selbst näher zu erforschen suchen.

Sie bezeichnen keineswegs nur das absolut Ungewordene und immer und überall wirklich ewig Überdauernde als das »Ewige«, sondern auch einfacher, das Unzerstörbare, Unsterbliche, Unveränderliche – auch wenn es ein erst Geschaffenes ist! Wie wenn es zum Beispiel heißt: »Erhebet Euch, ihr ewigen Tore«,[274] und ähnliches. Oft wird auch das sehr Alte mit dem Namen Aeon ausgezeichnet, und zuweilen wird in der Heiligen Schrift auch die ganze Erstreckung unserer Zeit als Aeon benannt, insoweit es ja eine Eigentümlichkeit jedes Aeon ist, das Alte, das Unveränderliche und überhaupt das Sein als Zeit zu messen.[275] Zeit aber wird der Ablauf von Entstehen und Vergehen genannt, die Abfolge von Veränderungen, und überhaupt jede Kundgebung von bald, so bald wechselndem Verhalten – das Umkehrbare. Daher sagt auch die Offenbarung, dass wir selbst, hier auf Erden zeitlich beschränkt, an Aeonen-Dauer teilhaben werden, wenn wir in die unvergängliche und stets sich gleichbleibende Ewigkeit wieder einkehren.[276]

Bisweilen wird in den Heiligen Schriften auch eine zeitliche Aeonen-Dauer gefeiert – also eine Art aeonenhafte Zeitlichkeit – aber wir wissen, dass hier eher, und im eigentlicheren, richtigeren Sinn, nur das Seiende – das dem Urgrund der Wesenheit nähere – als Aeon offenbart wird. So dass alles im Werden Begriffene mit Zeit benannt werden kann. *Man darf also nicht glauben, dass die als aeonenhaft bezeichneten Wesen einfachhin mit Gott, der vor aller Ewigkeit ist, gleich ewig seien.* Wir müssen vielmehr in unwandelbarem Anschluss an die hochheiligen Schriften das Aeonenhafte als aeonenhaft und das Zeitliche als zeitlich verstehen, jeweils genau dem an ihnen *zu erkennenden* oder an ihnen darzustellenden Charakter gemäß. Dementsprechend müssen wir alles, was einerseits am Aeon, andererseits an der Zeit teilnimmt, als in der Mitte zwischen dem Seienden und dem Werdenden schwebend erkennen: *Es nimmt durch sein Wesen am Aeon und durch sein Dasein an der Zeit teil.*

Gott aber müssen wir feiern und preisen, zugleich als Aeon und Zeit, als Urheber nämlich aller Zeiten und aller Aeonen, als den Alten der Tage, als den, der vor aller Zeit und über aller Zeit ist. Als den, der den Wechsel von Jahres- und Tageszeiten bestimmt, aber auch als den, der vor allen Aeonen existiert, weil Er vor jedem Aeon und über jedem Aeon allgegenwärtig ist und Seine Herrschaft eine Herrschaft über alle Zeiten und Aeonen ist.[277] Amen.

KAPITEL XI

ÜBER DEN FRIEDEN UND DAS ABSOLUTE

1.

Jetzt aber wollen wir zum göttlichen Frieden übergehen, den Urquell aller göttlich friedlichen Vereinigung preisen, ihn in Friedenshymnen laut verkünden! Denn er ist es, der alles einigt, er, der uns Eintracht und Harmonie erzeugt, im Universum den Einklang wirkt und unter den Menschen den Frieden fordert.

Deshalb strebt auch alles nach ihm: Er wendet die geteilte Vielheit der Dinge wieder zur Einheit eines Ganzen, er befriedet die Geschöpfe des Alls, deren Auseinandergliederung zu inneren Feindschaften zu führen drohte, und verbindet sie in einträchtiger Gemeinschaft.

Infolge der Teilnahme am göttlichen Frieden einigen sich zunächst die höchsten aller vereinigenden Mächte, jede in sich und alle einander und dann mit dem Urfrieden des Alls. Hierauf einigen sie die ihnen untergeordneten Dinge – wieder sowohl jedes in sich selbst als auch gegenseitig und mit der einen und allvollkommenen Urquelle und Ursache des allgemeinen Friedens. Dieser aber ist ungeteilt allen gegeben – über das ganze Universum hin dringt er überall ein. Er umschließt die ganze Welt gleichwie mit Riegeln und Klammern, die das Getrennte zusammengefügt halten, grenzt jedes ab, stellt jedes sicher, lässt niemals zu, dass Einzelnes abfalle und ins Endlose und Grenzenlose absinke. Sonst wären die Dinge alle sehr bald ungeordnet und verlören ihre Grundlage, vor allem aber fielen sie dann auch unrettbar aus Gottes Vorsehung hinaus. Chaotisch verwirrt wären da die Dinge alsbald und heillos, wenn sie aus ihrer Einigung stürzten.

Doch Gottes Frieden selbst zu beschreiben, jene göttliche Ruhe zu preisen, welche der heilige Justus[278] die große Stille nennt, die laute Stille in der Offenbarung selbst, und die Unbeweglichkeit bei gleichzeitigem Bewegen zu zeigen, die Verborgenheit bei gleichzeitigem Hervortreten zu schildern, dazu fehlen mir die Worte. Wie es erklären, dass dieser Frieden stets Stille ist und Ruhe hält, stets in sich selbst und innerhalb seiner selbst bleibt und sich dennoch den anderen mitteilt, obwohl er unteilbar und einig ist? Er verlässt diese Einheit nicht, er verstärkt sie noch, wenn er sich mitteilt und vervielfältigt – es ist aber zu wenig, dies »Einheit« zu nennen, und auch wie er in solcher Weise hervortritt und sich allem verbindet und in alles eindringt, so dass er wegen der Überfülle seiner allumfassenden Einheit überall Eines ist – das auszudrücken ist keinem Sterblichen gegeben. Es ist nicht einmal zu denken möglich, denn das würde jedes uns zukommende Maß überschreiten.

Wir wollen vielmehr auch diese Frage dem göttlichen Frieden anheimgeben, eben weil sie unaussprechlich und unerlernbar ist und weil ja der göttliche Frieden doch alles umfasst und über alles hinausgeht. Wir wollen also nur seine erkennbaren Voraussetzungen hier untersuchen, soweit es Menschen überhaupt zukommen kann und soweit es mir möglich ist, da ich doch hinter so vielen guten Menschen zurückbleiben muss.[279]

2.

Es ist immer der göttliche Friede, der jedem Frieden an sich und dem Frieden in seiner Ganzheit und auch jedem besonderen Frieden erst Bestand und Wirklichkeit schenkt.[280] Er ist es, der alles miteinander verbindet. Er bewirkt jene unvermischte Einigung ohne Fehl, derzufolge alle Dinge ungeteilt geeinigt sind und doch unerschütterlich und unversehrt weiterbestehen, jeder in der eigenen Art, so dass sie durch Mischung mit den ihnen gegensätzlichen Elementen nicht getrübt werden und gar nichts von ihrer Klarheit und Reinheit bei der Einigung einbüßen.

Als Einheitliche und Einfache wollen wir darum die Natur betrachten, als friedensvolle und wirkliche Einigung, da sie alle Dinge mit ihr und sich selbst – also mit den einigenden Friedenskräften – verwandt macht. Sie einigt dadurch Dinge und Wesen untereinander. Sie gibt allen den nötigen allseitigen Zusammenhang und Zusammenhalt, verleiht allen die gegenseitige Abhängigkeit und stiftet jede gegenseitige Verpflichtung. Sie vermengt die Dinge dabei nicht und bewirkt doch ihre gegenseitige Bindung, wie dies jedem Einzelnen der Glieder entspricht.

Auch die göttlichen Geister werden durch sie geeint, sowohl miteinander als auch mit sich selbst, mit ihren eigenen Erkenntnissen und mit den Gegenständen ihres Erkennens – bis zur unerkennbaren Berührung, die sie mit Dem vereint, der über alles Verstehen hinausgerückt ist.[281]

Durch friedensvolle Einigung einen die Seelen ihre mannigfachen Gedanken, Begriffe, Erkenntnisse und bewahren sie, verbinden sie in verstehbar einsichtiger Reinheit und

Klarheit. Ihrer Natur entsprechend, schreiten sie auf geordneten Wegen durch ungreifbar geistige Erkenntnis weiter bis zu ihrer Einigung, die alle Kenntnis überragt und in sich begreift.

Durch friedensvolle Einigung hält das eine unauflösbare Universum zusammen, besteht die geschaffene Welt, wirken ineinandergreifende Verbindungen in göttlicher Harmonie, durch Übereinstimmung ordnet sich alles in vollkommenem Einklang, und so schließt Eintracht auch die Unvermischten zusammen und vereinigt Geteilte und Ungeteilte. Gemäß der einfachen, unmittelbar und unvermischt wirkenden Gegenwart ihrer vereinigenden Kraft verbreitet sich die Universalität des vollkommenen Friedens über alles, was ist. Sie einigt alles, verknüpft durch die umfassten Glieder auch die äußersten, umfassenden, so dass dann alle in einer einzigen, naturgemäßen Freundschaft miteinander verbunden sind.

Der vollkommene Friede schenkt tatsächlich auch den äußersten Enden des Weltalls noch Teilnahme an seinen Wirkungen, bringt alles nachbarlich zueinander, durch Vereinigung und Verpflichtung, durch Selbstgleichheit und Echo, durch Sammlung und Gegenseitigkeit. Wobei der göttliche Friede überall ungeteilt ist, als ein Ganzes wirkt und weiterbesteht, stets jedes und alles in Einem spiegelt, alles durchwaltet und doch aus der selbsteigenen Selbstgleichheit niemals heraustritt. Er verbreitet sich zwar in die Fernen des Weltalls hinaus, gewährt auch allen Dingen den Anteil an sich selbst, der jeweils der Natur eines jeden entspricht, und fließt über von der unendlichen Überfülle friedenszeugender Fruchtbarkeit – aber er bleibt gleichwohl in allem Überschwang der Einigung stets in sich selbst und ganz und gar im Einklang der Einigung aller.

3.

Doch wie? Ist es denn wahr – so könnte jemand einwenden – dass wirklich alles ohne Ausnahme nach Frieden begehrt?

Zahlreiche Wesen erfreuen sich durchaus ihrer Verschiedenheit, ihres Getrennt- und Besondersseins. Sie möchten wohl niemals freiwillig mit anderen in ruhigem Frieden verbleiben! Gewiss, wenn jemand mit solcher Rede die Eigentümlichkeit eines jeden existierenden Dinges bezeichnen und wenn er also damit sagen wollte, dass nicht ein einziges Ding dieser Gottesschöpfung sein eigenes Wesen jemals verlieren will, dann werden wir bestimmt keinen Widerspruch dagegen erheben. Aber – wir werden auch darin ebenfalls nur ein Begehren nach Frieden aufweisen.

Alle geschaffenen Dinge lieben es, mit sich selbst Frieden zu wahren, das ihnen Überkommene in Frieden weiter zu pflegen, in sich geeint zu sein, keinen Druck von außen und keinen Fall aus sich heraus und aus den ihnen überkommenen Eigentümlichkeiten zu dulden. Allein der allvollkommene Friede hat auch die Kraft, ihnen ihre unvermischte, unwiederholbar-persönliche Eigenart zu bewahren, die sie sonst – im Streit – gerade verlieren würden. So ist es doch der Friede, der durch seine Frieden spendenden, fürsorglichen Wirkungen all die Dinge in unerschütterlichem und unverwirrbarem Verhältnis zu sich und zueinander erhält und alles mit beständiger, unnachgiebiger Macht durch friedliche Ruhe und unbewegte Sicherheit festigt.

4.

Wenn einer kommen und sagen wollte, dass auch alles Bewegte nicht in Ruhe sei, sondern immer in der eben nur ihm selbst eigentümlichen Bewegung bestärkt sein will?

Dann ist ihm zu antworten, dass auch dies nur ein Verlangen nach dem göttlichen Frieden im Weltall ist. Nach dem Frieden, der alles so bewahrt, dass es von sich selbst nicht abfällt. Nach dem Frieden, der unbeweglich jedes Eigenwesen und jedes bewegungsvolle Leben gesichert vor Abstürzen aufrechterhält, und zwar für alles Leben, das sich bewegt und nach Sicherung verlangt. Nur dadurch können ja die mit Bewegung begabten, von Bewegungslust getriebenen Wesen in Frieden mit sich selbst weiterwirken und in solchem Verhalten das verwirklichen, was ihnen zukommt.

5.

Es könnte aber doch auch jemand von einer Verschiedenheit sprechen, welche tatsächlich einen Abfall vom Frieden bedeutet. Das hieße dann doch, der Friede sei nicht für alle gleich liebreizend und in allen Dingen gleich begehrenswert?

Darauf ist zunächst zu erwidern, dass es nichts in der Welt gibt, das gänzlich aus der Gesamteinigung des Weltganzen herausgefallen wäre. Es gibt nichts wirklich ganz Unabhängiges in der gesamten Schöpfung; denn was völlig ohne festen Stand wäre, ohne Abschluss, ohne Grundlage und ohne Begrenzung durch andere und ohne Beziehung zu anderen, das ist weder selbst ein Seiendes noch fällt es in den Bereich dessen, was überhaupt Dasein hat. Dasein ist Berührung und Begrenzung.

Wenn aber behauptet wird, dass solche Abgefallenen dem Frieden und den Segnungen des Friedens feindselig gegenüberstehen und im Gegenteil an Streit und Wut, an Veränderung und Unstetheit ihre Freude haben, so muss doch bemerkt werden, dass auch diese von dunklen Vorstellungen eines Begehrens nach Frieden beherrscht sind. Von unruhvollen Leidenschaften gequält, suchen sie diese zu befriedigen, voll Unverstand, denn sie wähnen, durch Verfolgen von stets entweichenden Genüssen in Frieden leben zu können, während sie durch die Regellosigkeit[282] ihrer übermächtigen Begierden nur eine Beute der Verwirrung werden.

Alledem gegenüber steht ja die immer und überallhin Frieden ausstrahlende Menschenliebe Christi. Was fände man, ihr zu entgegnen?

Mögen wir also lernen, dieser Menschenliebe gemäß zu leben, nicht mehr zu streiten, weder mit uns selbst noch miteinander, noch mit den Engeln: Gemeinsam mit ihnen allen wollen wir das Göttliche nach Möglichkeit pflegen, entsprechend dem Willen Jesu, dessen Vorsehung in allem wirkt. Er ist es, der uns einen unaussprechlichen Frieden schafft, wie es von Ewigkeit vorbestimmt ist – Er ist es, der uns mit uns selbst und miteinander und mit Ihm und durch Ihn mit dem Vater versöhnt.

Von diesen übernatürlichen Gaben und Handlungen Christi ist aber schon in unseren Theologischen Grundlinien genügend die Rede gewesen, wobei uns immer die Heiligen Schriften der Offenbarung als Zeugen gedient haben.

6.

Du hast mich bei einer anderen Gelegenheit brieflich um Auskunft gebeten, was ich denn genau mit den Worten »Das Seiende an sich, das Leben an sich, die Weisheit an sich« habe sagen wollen. Du bemerktest, dass du mit dir selbst nicht recht ins Klare kamst, warum ich Gott bald »das Leben an sich« nannte, bald wieder »den Urheber des Lebens an sich«.

Es ist hier vielleicht die beste Gelegenheit geboten, dich – heiliger Gottesmann! – auch von diesen Bedenken zu befreien, und soweit es an mir liegt, soll es geschehen. Muss es auch geschehen.

Zunächst ist es kein Widerspruch (wie oft habe ich das schon gesagt!), Gott als Macht an sich oder als Leben an sich und zugleich auch als den Urheber der Macht an sich, des Lebens an sich oder des Friedens an sich – und dergleichen – zu nennen. Die eine Benennung kommt vom Seienden, und vorzüglich von dem in erster Linie Seienden, also dem Urseienden: Dieses ist tatsächlich der Urheber von allem, was ist. Die anderen Bezeichnungen deuten gerade auf diese Urheberschaft hin und weiter auch noch darauf, dass Gott über jedes von Ihm Geschaffene erhaben ist, also über alles Seiende erhaben ist, also auch über das in allererster Linie Seiende, also über alles Wesenhafte und Seinshafte hinaus erhaben ist: Alles Sein kommt von Ihm, betrifft Ihn aber nicht.

Was wollen aber Ausdrücke besagen wie: »Sein an sich?«

Wenn wir in unserer Rede absolutes und ursprüngliches Sein setzen wollen, insofern wir nicht von geschaffenen Urhebern, sondern unmittelbar und direkt und urtümlich von Gott selbst reden, so meinen wir den ewig-ungeschaffenen Schöpfer. Wie sollten wir sonst ausdrücken, was unmittelbar ist, noch ehe es sich in geschaffenen Gegenständen verdichtet hat?

Das ist nach meiner Überzeugung das genaue Gegenteil einer verwickelten Frage: Es ist so einfach, dass es nur eine direkte und einfache Lösung zulässt. Wir behaupten ja nicht etwa, dass das Sein an sich als Ursache von allem Seienden irgendeine Göttliche oder Engelhafte Wesenheit selbstständig besitze. Nur das über *alle* Wesenheit Erhabene kann ja das Urprinzip der Schöpfung sein; nämlich die Wesenheit der Ursache selbst, dass alles Seiende und auch überhaupt schon das Sein an sich zu irgendeiner Existenz komme. Wir können aber auch nicht irgendeine andere Leben zeugende Gottheit annehmen neben dem ur- und übergöttlichen Ursprung, der selbst die Ursache aller Lebewesen und vor allem des Lebens an sich ist. Wir können noch weniger annehmen, dass es irgendwelche ursprünglich schaffende Wesen oder Hypostasen von Wesen geben könne wie jene, die von einigen in leichtsinnigen Reden auch »Götter« oder »Bildner des Weltalls« genannt worden sind. Aber um die Wahrheit zu sagen: Nie haben sie solche gesehen (es gibt Derartiges überhaupt nicht) – sie glaubten nur daran. Weder sie noch gar ihre Väter wussten, dass jene nicht existieren können.

Wir sagen also, Sein an sich, Leben an sich und Gottheit an sich sind Bezeichnungen, welche gerade das ursprunghaft Göttliche selbst meinen, die verursachende Kraft selbst, die überursprüngliche erste Urquelle, über alles zu Sein und Wesen Gewordene und Urentspringende hinaus. Im Sinne der Mitteilung nennen wir dann die ausstrahlenden fürsorglichen

Kräfte, die von Gott – dem allein Unmittelbaren – unmittelbar selbst kommen: Wesengebung an sich, Belebung an sich und Vergöttlichung an sich – damit ist also die schöpferische Tätigkeit selbst gemeint, ohne Mittler, ohne Mittel und auch noch ohne Gegenstand, also überhaupt und abgesehen von allem Gegenstand. Die Dinge nehmen daran nur nachträglich und nur als schon Erschaffene teil, der ihnen verliehenen Natur entsprechend, so dass sie existierend, lebendig und göttlich sein und dann auch so genannt werden können. Ebenso geht es mit den anderen Bezeichnungen dieser Art.

Daher wird von Gott gesagt, dass Er der gute Träger und Bestand verleihende Schöpfer auch und vor allem jener ersten Prinzipien ist, in ihrer Gesamtheit oder in ihren einzelnen Seins- und Erscheinungsformen, sei es, dass diese Prinzipien dann an seinem Schaffen im ganzen Umfang teilnehmen, sei es, dass sie nur einzelne Seiten oder Teile davon verwirklichen.

Indessen, was braucht es darüber noch viele Worte? Bezeichnen doch hier einige von unseren geistlichen Lehrern ebenfalls den Überguten und Übergöttlichen als den Träger der Güte an sich und der Gottheit, und sie erklären, Güte an sich und Gottheit sei die gutmachende und vergottende Schenker- und Schöpferkraft, so wie sie – die betreffende Wesensart erstmalig schenkend und schaffend – unmittelbar aus Gott selbst hervortritt, und das Schöne an sich sei die schönmachende Ausstrahlung in ihrer ersten Unmittelbarkeit. Und so ist auch das Gesamtschöne. Die besondere Schönheit von einzelnen Wesen aber, oder die Unterscheidung des im ganzen Umfang Schönen oder nur in Teilen oder Einzelbeziehungen Schönen – und was sonst immer von diesen Dingen in ähnlicher Weise gesagt worden ist oder noch gesagt werden wird – alles das sind Offenbarungen durch die Dinge, nämlich Offenbarungen der den Dingen bereits gewährten Beweise der Fürsorge und Güte Gottes, die eben stets aus Gott dem allein unmittelbaren Urheber sprießen und in reinsten Strahlenströmen ausgesandt werden – wobei der Urheber von allen Dingen stets vollkommen über jedes Ding erhaben ist, denn das Überwesentliche übertrifft in jeglicher Hinsicht alles, was irgend Natur und Sein besitzt, nur weil es von Ihm Wesenheit erhielt.

KAPITEL XII

ÜBER DIE NAMEN »HEILIGE DER HEILIGEN«, »KÖNIG DER KÖNIGE«, »HERR DER HERREN«, »GOTT DER GÖTTER«

1.

Was über jenes zu sagen war, ist nun – so hoffe ich – geziemend dargelegt. Jetzt ist noch übrig, den unendlich vielnamigen Gott auch als Heiligen der Heiligen[283] zu preisen, Ihn als König der Könige[284] zu zeigen und als den, der in Ewigkeit, seit je und künftig für alle Zeit[285] unser Herr ist, als den Herrscher aller Heerscharen von Herrschern[286] oder als Gott der Götter.[287]

Zuvor aber soll geklärt werden, was nach unserer Auffassung unter Heiligkeit an sich verstanden werden muss, was unter Königtum, Herrschaft, Gottheit an sich, und was die Heilige Schrift ausdrücken will, wenn sie solche Namen in gedoppelter, gleichsam potenzierter Form gebraucht.

2.

In unserer nun schon vertrauten Ausdrucksweise soll Heiligkeit jenen Zustand absoluten Reinseins bezeichnen, der vollkommen, von jedem Frevel frei, makellos und unberührbar ist und bleibt. Königtum bedeutet die absolute Macht, über andere zu befinden, zu befehlen, zu ordnen, zu verwalten, zu umgrenzen und jeweils Recht, Gesetz und Rang zu bestimmen. Herrschertum dagegen umfasst nicht nur die eben genannten Königsgewalten, sondern auch noch den vollkommenen Gesamtbesitz all des Guten und Schönen und Wahren und die erste unerschütterliche Festigkeit gnädigen Herrschens; denn das Wort Herrschaft, Κυριοτης, leitet sich von Κυρος (Kraft) her, aber auch von Κυριον (herrschend), und von Κυριευον, das durch Verantwortung Überragende (auch *dominus* ist ja der Herr, der sein Dominium – sein Eigentum – verantwortungsbewusst verwaltet). Gottheit aber bezeichnet die Vorsehung, die mit ihren Blicken alles umfasst und alles erschaut (θεος kommt ja von θεαομαι, ich erschaue) und in ihrer vollendeten Güte auch alles umkreist und zusammenhält; (denn θεος kommt zugleich auch von θεω), so dass sie die ganze Schöpfung mit sich selbst erfüllt und zugleich doch alles überragt, was an ihrer Vorsehung Anteil hat.

3.

Solches müssen wir also von dieser allumfassend allübertreffenden ersten Ursache rühmend und preisend aussagen. Darum müssen wir sie auch als die über alles erhabene Heiligkeit feiern, als Königsmacht, Herrschaft und Gottheit. Aus ihr ist alles geworden, aus ihr stammt jegliche Vollkommenheit, aus ihr jede lautere Reinheit, das Unvermischte und das Verbundene, das Gewachsene und das mit einem Male Erscheinende, das Einzelne und das All zusammen. Aus ihr die mannigfache Verteilung, das Zueinander und Füreinander, aus ihr die ganze Ordnung und Einrichtung des Universums. Sie ist es, die allen Missklang verbannt, alle Disharmonie und Unheiligkeit und Unebenmäßigkeit von sich weist, sie ist es, die an allem wohlgeordneten Gleichgewicht sich freut, an aller Beständigkeit und Lauterkeit, und die alles lenkt und ordnet, was an ihrem Reich teilzunehmen gewürdigt ist.

Sie ist der vollkommene Inbegriff alles Guten, Gesamtbesitz aller Güter, und als erste Ursache ist sie durch und durch gütige Vorsehung, die alle Gegenstände ihrer Fürsorge sieht, durchschaut und zusammenhält – so dass sie denen, die sich ihr unterordnen, sich selbst voll Gnade mitteilt, um alles und auch noch das Fernste mit zu vergöttlichen.

4.

Weil aber der Urheber von allem die Überfülle alles Seienden besitzt – und gemäß Seiner alles übertreffenden Überlegenheit zugleich auch jenseits von allem Sein und Nichtsein bleibt – darum wird Er als Heiliger der Heiligen gefeiert, und so auch hinsichtlich aller übrigen Namen dieser Art, gemäß Seines Seins und zugleich Darüberseins in sozusagen stets überströmender Ursache und unerreichbarer Überlegenheit.

In dem Maß, in welchem das Seiende dem Nichtseienden überlegen ist, das Heilige allem weniger Heiligen überlegen ist, das Königliche oder Herrscherliche oder Göttliche allem überlegen ist, was weniger königlich oder herrscherlich oder göttlich wäre – und das Nichtsnichtseiende dem Nichtseienden – und das An-und-für-Sich Teilgeben und Teilnehmen allen nur teilnehmenden Wesen und Dingen überlegen ist, in demselben Maße ist der über alle Welt Erhabene auch

Seiner Schöpfung überlegen, über alles Seiende, durch Ihn Seiende, als dessen Urheber, unmittelbar erhaben über alles, was Anteil nimmt. Er ist auch über das Anteilnehmen-an-Sich hinausgerückt.

Heilige aber, Könige, Herren und Götter nennt die Heilige Schrift[288] die vornehmsten Rangordnungen in allen einzelnen Bereichen. Also die jeweils obersten Ordnungen der Gott-Unmittelbaren, durch welche alle zweiten Ordnungen an den aus Gott hervorströmenden Gaben Anteil nehmen und dann weiter die ursprüngliche Einfachheit der Verteilung dieser Gaben vielfältig übernehmen, um deren Vielfalt gemäß ihren eigenen Verschiedenheiten weiter zu verbreiten. Auch umgekehrt: Deren ganze Mannigfaltigkeit wird wieder von den obersten Ordnungen fürsorglich zusammengehalten und auf göttliche Weise zur allbewirkenden Ur-Einheit zurück- und emporgeführt.

KAPITEL XIII

DAS VOLLKOMMENE UND DAS EINE

1.

Auch dies mag nun genug erklärt sein. So können wir jetzt am Ende, wenn es dir beliebt, direkt zum wichtigsten Punkt aller unserer Darlegungen übergehen. Die göttliche Offenbarung sagt einerseits von dem Urheber des Weltganzen vieles Einzelne, und im Ganzen alles in allem aus, führt alle unendliche Vielfalt der Schöpfung auf Ihn als den Schöpfer zurück – andererseits feiert sie Ihn als das E i n e . Als den Einzig-Einzigen, als das Ewig-Vollkommene.[289]

Vollkommen ist das Göttliche nicht bloß insofern es an sich vollkommen ist und für sich nur von sich selbst eingestaltig und eigengesetzlich allein bestimmt wird – daher es in jeder Hinsicht allein ganz und gar das Vollkommenste ist – sondern auch insofern, als es gemäß seiner alles übertreffenden Vollkommenheit über jede Vollkommenheit hinaus ist. Es umgrenzt jedes Umgrenzende, breitet sich jenseits von jedem Ende aus, wird von keinem Wesen umfasst oder festgehalten. Es erstreckt sich in seinen unversiegbaren selbstgeschaffenen Bezirken des Zuteilens und unendlichen Einwirkens auf alles, in alles und über alles hinaus. Vollkommen wird es deshalb genannt, weil es keines Wachstums fähig und immerdar vollkommen ist, und ebenso, weil es keinerlei Verminderung erfahren kann, weil es immer alles schon vorweg in sich enthält und überströmt in seinem einzigen immerdar allseitigen, unerschöpflichen und zugleich übervollen und nie abnehmenden Spenden und Schaffen. So macht das Göttliche durch Schöpfung alles vollkommen, erschafft das Vollkommene und erfüllt es mit der eigenen Vollkommenheit.

2.

Das »Eine« wird Gott genannt, weil Er kraft Seines allüberragenden Vorzuges der eigenen Ur-Einheit auf allumfassend einzigartige Weise Eins und Alles ist und weil Er ohne je aus dem Einen herauszutreten die Ursache von allem bleibt, was es überhaupt geben kann. Nichts von allen Dingen wird jemals ohne Anteil an dem Einen. So wie jede Zahl an der Einheit der Zahlenreihe Anteil erhält, und so wie wir von einer Zweizahl, eine Zehnzahl, einem Halben, einem Drittel und einem Zehntel sprechen, immer im Hinblick auf die zugrunde gelegte Maßeinheit, ebenso hat das Weltganze und hat jedes Teilchen des Weltganzen stets Anteil an dem Einen, dem Allurheber, und alles ist ins Sein erhoben, nur dadurch, dass das Eine ist.

Doch ist dieses Eine nicht bloß, wie eine allem gemeinsame Maßeinheit, Ursache von allem: Dieses Einzig-Eine ist nicht eines aus vielen. Es ist vielmehr vor jeder Einheit und vor jeder Vielheit, es hält und umfasst und begrenzt jede Einheit und jede Vielheit; denn auch die Vielheit wäre nicht ohne das Eine. Auch das den Teilen nach Vielfache ist in seiner Ganzheit Eines; was nach seinen mannigfachen Eigenschaften oder Beziehungen eine Mehrheit bildet, ist Eines nach seiner Grundlage, seinem Wesen, seinem Ziel, und auch das Viele im Hinblick auf Zahlen und vervielfältigende Dimensionen ist Eines in seiner Idee. Was aber ein Vielfaches in der Idee ist, bleibt Eines in seiner Gattung, und was ein Vielfaches durch die sich ausbreitenden Gattungen ist, verlässt auch nicht die Einheit in seinem Ursprung.[290]

Es gibt unter allen Dingen kein einziges, das nicht aus dem Einzig-Ur-Einen seinem Ursprung nach Anteil hätte, denn das Eine enthält in sich alles, im Einzelnen und insgesamt, auch wenn es gegensätzlich ist, und umfasst sie alle in seinem einig-einzigartigen Vorwegsein und Vorwegschaffen, in Seiner Eingestalt und Übergestalt. Ohne das Eine würde es keine Vielheit geben. Nur das Eine würde auch ohne die Vielheit sein, gleichwie die Einzahl unabhängig ist von der vervielfältigenden Zahl. Wenn man annehmen muss, dass alles mit allem irgendwie zusammenhänge, dann muss das All in seiner Ganzheit Eines sein.[291]

3.

Auch daran ist hier noch eigens zu erinnern: Das gemeinsame Einssein einer Vielheit von Dingen offenbart sich uns immer in der Urform des Gattungsbegriffes, der ihnen vorausgeht, also in der ihnen gemeinsamen schöpferischen Idee, zu deren mannigfachen Ausprägungstypen sie dann geworden sein können, so dass das Eine stets das Grundelement der Vielen ist. Wenn man den Vielen diese Einheit der Idee wegnähme, dann würde in ihnen weder ein Ganzes sein, noch ein Teil, noch ein Sinn, noch ein irgendetwas, was einem wesentlich Seienden ähnlich ist; denn das Eine enthält die Vielheit in sich, vorausgenommen, als Möglichkeit, aber eingestaltig und sinnhaft umschlossen. Genau in dieser selben Weise feiert die Offenbarung aber die ganze Urgottheit nach dem Namen des Einen, als die Ursache von allem. So ist Gottvater der einzige Gott und Jesus Christus der einzige Herr[292] und ein und derselbe Heilige Geist[293] ist in unfasslich überweltlich ungeteilter Einigkeit ihr ganzes göttlich-einziges Eines. Damit ist alles zur Einheit versammelt, vor aller Schöpfung geeint, und vor aller Wesenheit wesentlich, ehe vor und ewig.

Darum wird alles mit Recht auf diese göttliche Einheit zurückgeführt, alles auf sie bezogen, alles auf sie übertragen. Von ihr und in ihr und zu ihr hin ist alles, ist in ihr zusammen – und aufeinander geordnet. Alles wird in dieser Einheit zusammengehalten und zusammengeschlossen, hat nur in ihr Bestand, bleibt nur durch sie seinem Ursprung und seinem Ziel zugekehrt.[294]

Du möchtest wohl kein einziges Ding finden, das nicht eben das, was es ist, nur durch dies Göttlich Eine ist, und so ist und so erhalten wird, nur durch dies Göttlich Eine so vollendet. Und darum, über alles Wesenhafte hinaus, wird auch die ganze Gottheit nach diesem Einen benannt. Auch wir müssen uns durch die Kraft der göttlichen Einheit aus der Vielfalt zu dem Einen hinwenden, auch wir der Einheit entsprechend die ganze und einig-einzige Gottheit feiern, jenes Ur-Eine, das von allem die Ursache ist und das eher ist als jede Einheit und jede Vielheit, als jeder Teil und jedes Ganze, als jede Grenze und jede Unbegrenztheit, früher als jeder Anfang und jede Unendlichkeit. Dieses Eine, das alles ist, was ist, und auch alles Sein an sich und das Sein von allem bestimmt, es im Einzelnen bestimmt und es im Ganzen und über alles bestimmt, ist – man kann es gar nicht oft genug wiederholen – die einig einzige Ursache für alle Dinge und vor allen Dingen. Es ist auch über dem Einen-an-Sich, weil nämlich jenes Eine-an-Sich, das unter den geschaffenen Wesen ist, auch schon unter die Zahl fällt.

Die Zahl aber hat Anteil am Wesenhaften;[295] denn das Eine über allen Wesen bestimmt auch das wesenhaft gewordene Eine innerhalb der Schöpfung. So bestimmt es auch jegliche Zahl, gibt ihr Wesenheit und Beziehung und ist auch für jede Zahl Urprinzip, Anfang und Ursache, Ordnung des Einen und Vielen und Zahlenmäßigen, wie für jedes Seiende überhaupt.

Deshalb ist die über jedes und alles erhabene Gottheit weder als eine Monas noch als eine Trias von uns oder von irgendeinem anderen Wesen wirklich erkannt.[296] Auch wenn sie von uns als Monas und als Trias gefeiert wird, als das Heilig-Eine und als Heilige Dreifaltigkeit. Vielmehr, um das Übergeeinte und Gottzeugende in ihr zu feiern, wie es der Wahrheit entspricht, benennen wir die Gottheit, die über jeden Namen erhaben ist, mit dem Namen Monas und Trias, Heilig-Eines und Heilige Dreifaltigkeit – aber wir wissen, dass wir dadurch nur, was über allen Dingen und Wesen ist mit Namen von geschaffenen Dingen und Wesen benennen. Doch keine Monas oder Trias oder Zahl oder Einheit oder Schöpfungsmacht oder irgendetwas, was ist – oder was irgendjemand von existierenden Dingen vielleicht hat erkennen können – enthüllt uns jemals die über jedem Begriff und über jedem Verstand hinausliegende, unerreichbare Heimlichkeit der Überhaupt-Gottheit, die über alles Wesenhafte hinaus uns ewig entrückt bleibt. Es gibt keinen Namen und keinen Begriff von ihr, denn sie ist über uns in das uns Unzugängliche erhoben.

Nicht einmal den Namen Güte glauben wir ihr zutreffend zugelegt zu haben; nur das Verlangen, doch etwas von ihr zu erkennen oder über jene unaussprechliche Übernatur wenigstens etwas, wenn auch ganz unzulänglich, dennoch zu sagen, trieb uns dazu, ihr in erster Linie diesen für uns ehrwürdigsten aller Namen zu weihen.

Hierin dürften wir wohl auch mit den Verfassern der Heiligen Schriften in Einklang übereinstimmen. Aber hinter der echten Wahrheit des tatsächlich Seienden und Waltenden werden wir sehr weit zurückgeblieben sein. Deshalb haben auch jene Theologen den langsamen Annäherungen im Aufstieg durch negative Prädikate den Vorzug gegeben; denn in solchem Aufstieg wird unsere Seele langsam von der ihr gleichgearteten Welt abgezogen und über sie allmählich emporgehoben. Die negative Theologie bereitet ihr einen Weg durch alle jene gottgeweihten Erkenntnisse hindurch, welchen das All-Eine über Namen, Wesen und Erkenntnisse hoch erhabene Wesen ewig entrückt bleibt – und so verbindet sie zu allerletzt doch die Seele mit dem Göttlichen, soweit uns ein solches Verbundenwerden mit Ihm verstattet und überhaupt möglich ist.

4.

Dies also sind die verstehbaren Gottesnamen, welche wir hier zusammengestellt und zu erklären versucht haben. Aber hierbei blieben wir freilich nicht bloß weit hinter der lauteren Wahrheit ihrer heiligen Bedeutungen zurück (auch die Engel dürften sich mit Recht eine ähnliche Unzulänglichkeit zugestehen) – auch weit, weit hinter dem Lobpreis der Engel auf diese Namen sind wir zurückgeblieben, mussten wir zurückbleiben; denn auch die allervorzüglichsten unserer sogenannten Theologen reichen natürlich nicht im Entferntesten auch nur an die untersten Engel-Ordnungen heran. Aber auch nicht einmal den Theologen oder Hagiographen oder Verfassern der Heiligen Schrift und auch nicht einmal ihren begnadeten Jüngern und Erklärern konnten wir es gleichtun. Auch unter denen, die mit und auf gleicher Stufe stehen, nehmen wir die letzte und niedrigste Stelle ein.

Wenn daher an dem Gesagten etwas richtig sein dürfte und wenn wir dennoch unserer Verfahrensweise und unseren Tätigkeiten entsprechend in der Erklärung der göttlichen Namen irgendwo den wahren Sinn getroffen haben, so müssen wir den Erfolg auf den Urheber alles Guten zurückführen, der zunächst die Gabe, überhaupt zu reden und dann manchmal auch gut zu reden, verleihen mag, wem Er will.

Wenn etwas übergangen sein sollte, was mit dem Gesagten in gleichem Rang hätte erwähnt werden müssen, so werden wir zu trachten haben, es auch nach den gleichen Grundsätzen und Methoden der Auslegung mitzuverstehen. Wenn dagegen am Vorstehenden irgendetwas unrichtig oder unvollkommen ist, wir gar von der Wahrheit teilweise abgekommen oder am Ende gänzlich abgeirrt sein sollten, so möge es deiner Menschenfreundlichkeit überlassen sein, den unfreiwillig Irrenden zurechtzuweisen, dem Lernbegierigen etwas von der besseren Lehre mitzuteilen, dem Schwächeren beizustehen und den gegen den eigenen Willen Kranken zu heilen.

Vielleicht magst du einiges aus dir selbst, anderes aus anderen, alles aber nur aus dem Guten entnehmen, um es mir dann zu übermitteln. Ermüde nicht, einem befreundeten Mann Gutes zu tun.[297] Du siehst ja, dass auch ich vor dir keine der Lehren für mich zurückbehielt, die mir auf dem hierarchischen Wege anvertraut worden sind. Ich habe sie euch und anderen geheiligten Männern unverfälscht mitgeteilt. Ich werde euch auch künftig mitteilen, was ich vermag, soweit wir davon sprechen können, soweit unsere Zuhörer es zu hören fähig sind. Wir wollen hierbei nie gegen die Überlieferung irgendein Unrecht begehen, in keinem einzigen Punkt. Es sei denn, dass wir in der Auffassung oder in der Wiedergabe des Überkommenen ermatten.

Das mag nun so bestellt werden, wie es gesagt ist – und vor allem, wie es Gott gefällt. Hiermit sei unserer Erklärung der Gottesnamen der Schlusspunkt gesetzt.

Unter dem führenden Beistand Gottes will ich nun zur mystischen Theologie übergehen.

DIE MYSTISCHE THEOLOGIE

TIMOTHEUS GEWIDMET

KAPITEL I

DIE GÖTTLICHE DUNKELHEIT

1. ANRUFUNG

Dreieinigkeit, über alles Wesenhafte hinaus, mehr als göttlich und mehr als gut: Du, die du über alle christliche Gottesweisheit wachst, führe uns nicht nur jenseits von Licht und Dunkel, sondern auch über das Unkennbare hinaus bis nahe an die höchsten Gipfel des mystisch deutenden Wortes, bis dorthin, wo die einfachen, absoluten unversehrbaren Mysterien des Gotteswissens offenbar werden und wo die Dunkelheit des Schweigens über alles Licht hinaus die Wahrheit erhellt. In diesem Schweigen enthüllen sich die Geheimnisse des Dunkels.

Oh Dunkel des Schweigens! Es wäre nicht genug, von dir zu sagen, dass du vor lauter Finsternis in strahlendstem Licht aufglänzest, nicht genug, von dir zu glauben, dass dein Glanz sich immer gleich bleibe, unstörbar und unzerstörbar, nie zu sehen und nie zu erreichen. Es wäre auch nicht genug, von dir zu sagen, dass du, Dunkelheit des Urgrunds, jenen vollkommenen Geist, der die Augen des Daseins und die Augen des Seins zu schließen vermöchte, mit der Leuchtkraft deiner Fülle bis zum Bersten blendest und schöner bist als die Schönheit selbst.

Dies ist mein Gebet. Du aber, mein geliebter Timotheus, lasse nicht davon ab, dich in mystischer Schau zu üben, entsage den Künsten des Verstandes, tue ab von dir, was immer noch den Sinnen oder der Klugheit verhaftet ist, befreie dich vollkommen von allem Sein oder Nichtsein,[298] und erhebe dich, wenn du es kannst, bis zur Höhe des Nichts-mehr-Unterscheidens, über das All hinaus, bis dicht an die Schwelle des Verschmelzens mit Dem, der über jedem Wesen und über jedes Wissen ist.

Erst wenn du dich von allem ganz entäußert hast, vornehmlich aber von dir selbst, unaufhaltsam und absolut, und ohne jeden Rest leer bist, erst dann wirst du dich in reinster Ekstase bis zu jenem dunkelsten Strahl erheben können, der aus der Urgottheit vor aller Erschaffung kam, jenseits von aller Welt und jenseits von allem Sein, entblößt auch noch von dem, was jedes und dich selbst erst zum Wesen macht.

2. HÜTE DICH!

Doch gib acht, dass dich niemand höre, von denen, die nicht eingeweiht sind! Ich will sagen, von jenen Ahnungslosen, die noch irgendwo im Sein haften (oder gar: im Dasein!) – und die sich nicht vorstellen können, dass es über alle Wesen hinaus ein Nichtsmehr-Nichtsein geben muss, ein erst Wesenschaffendes, ein Überhaupt, und die sich einbilden, auf den Wegen des Erkennens Dem nahen zu können, der sich die Dunkelheit als Heimat und als Quelle seines Lichts gewählt hat.[299]

Aber wenn die Enthüllung der Geheimnisse Gottes sogar auch denen noch unerreichbar bleibt, die sich so weit vorgewagt haben – was ist von jenen anderen noch ahnungsloseren Profanen zu sagen, die töricht genug sind, zu meinen, sie könnten den übersinnlichen Urgrund alles Geschehens und

Seins mit Hilfe der niedrigsten, handgreiflichsten Schlüsse sinnfällig machen? Weil sie glauben, dass auch die Wahrheit nicht aus anderem Stoff bestünde als ihre Fetische und Idole es sind, von denen sie sich so viele Götzenbilder machen? Während es dem Urgrund des Alls eher gemäß wäre, wenn wir von ihm diese Weisheit sagten: Weit mehr als alle Eigenschaften jedes Seins (die alle aus ihm erst stammen) gebühre ihm die Verneinung aller Eigenschaften des Seins – und auch aller Eigenschaften des Nichtseins, die doch immer Bestimmungen sind und Begrenzungen und Trennungen von anderen Eigenschaften, und Verzicht auf dieses und jenes, begrenzbarer Bezug und begrenzbarer Nichtbezug, während der Urgrund immer unendlich ist und alle Eigenschaften und Seinsweisen und Nichtseinsweisen und Möglichkeiten des Seins und des Nichtseins in sich einbegreifen und in sich auflösen muss. Ohne dass du deshalb etwa glauben darfst, dass diese Verneinungen jenen Bejahungen widersprechen![300] Ist nicht die Urgottheit erhaben über jedes Nein, erhaben über jedes Ja, enthält sie nicht alle Eigenschaften und alle Enthebungen von Eigenschaften, deren Fülle und deren Sprengung bis in alle Unendlichkeit?

3. DAS SCHWEIGEN

In diesem Sinn nur ist es zu verstehen, wenn der heilige Bartholomäus behauptet, das Gotteswissen habe zugleich die Fülle und die Kürze, und das Evangelium sei zwar allumfassend, aber es habe sich darum nicht weniger auf einen einzigen, allerengsten Punkt konzentriert. Das scheint mir wunderbar treffend die Transzendenz des Schöpfers auszudrücken, seinen Standort jenseits von jeder Grenze. Wenn auch der allumfassende und allbewirkende Urgrund nur mit sehr vielen Worten umschrieben werden kann, so schließt er doch jede Unterscheidung von sich aus, ist weder vernunftmäßig zu fassen noch überhaupt verstehbar, enthält alle Wesen und löst sie wieder auf, schafft alle Eigenschaften und sprengt alle Eigenschaften, erfüllt sie alle, ohne je sich in ihnen zu erfüllen. Eines vor allem muss überschritten haben, wer in den Urgrund blicken will: Das Tor der Grenze von heilig oder verrucht,[301] die Täler von Eingebung, Trieb oder Läuterung, und die höchsten Gipfel der Heiligkeit muss er unter sich gelassen haben, weit hinaus über alles, was nur Schöpfung und Licht ist und göttliche Klarheit und zeugendes Wort und Glanz und Grenzen und Gründe des Himmels.

Dann erst kann er an die Schwelle Dessen gelangen, der nach den Worten der Schrift im Dunkel des Ungeschaffenen wohnt und alles Sein übersteigt, weil er selbst nur dadurch sein Existieren kündet, dass er alles Seiende zum Sein erhebt.

Nicht ohne Grund ergeht an Moses den Göttlichen zuerst der Auftrag, sich zu reinigen, dann weit weg zu gehen von dem, was nicht gleich rein ist; und nach der völligen Reinigung hört er die vielfachen Klänge der Posaunen mit unbegreiflichen Untertönen ängstigender Harmonien. Er sieht viele Lichter, deren rätselhaft vielgestaltige Leuchtstrahlen blendenden Glanz auf ihn werfen; schon sehr weit von der Schar gewöhnlicher Menschen, nur mit einigen sorgsam auserwählten Priestern, nähert er sich endlich dem Gipfel, von dem es zum Göttlichen aufwärts steigt.[302] Aber auch dort oben kommt er noch nicht näher an Gott: Ihn sieht er nicht – denn Gott ist nicht sichtbar – aber er sieht doch einen Ort, wo Gott zu wohnen scheint.[303]

Dadurch soll, glaube ich, angedeutet sein, dass in der Ordnung der sichtbaren Dinge und einsichtbaren Gedanken auch das Göttlichste und Höchste immer nur an unseren eigenen Vermutungen haftet, den willkürlichen Hypothesen über die Anwendbarkeit der Attribute, die dem Einen in Wahrheit zukämen. Doch dieses Eine ist jenseits des Weltalls. Wie könnten unsere Vermutungen über die Ursachen Seiner dennoch spürbaren Allgegenwart in diesem Weltall je an ihn rühren? Sie bleiben stets innerhalb Seiner Schöpfung, der Er dennoch so fern ist, dass er allen Gipfeln des Schaubaren, Denkbaren, Fühlbaren – und auch allen Gipfeln der heiligsten Heiligkeit unerreichbar bleibt.

Hierauf erst, da er solches zu ahnen beginnt, setzt Moses seinen Weg fort, um die Welt weit hinter sich zu lassen, in der man noch sehen und gesehen werden kann. Jetzt erst dringt er in das wirkliche mystische Dunkel des höchsten unkennbaren Lichtes. Dort endlich bringt er alles auf irdische Gegenstände gerichtetes Wissen zum Schweigen[304] und entgeht so erst gänzlich dem Trug des Fassbaren und Schaubaren. Jetzt erst gehört er gar nicht mehr sich, auch nicht mehr einem anderen, Nahen oder Fernen, sondern nur noch ganz Dem, der über allem ist. Jetzt erst ist das Wahrhafte in ihm beim Schöpfer, der auch ihm unkenntlich bleibt – aber er hat ja auf alles Wissen verzichtet, und dank dieses Verzichtes, dank dieses Nichtwissens, tritt er ein in jene Erkenntnis, die alles Wissbare sprengt.

KAPITEL II

WIE MAN IHN PREISEN SOLL

Möchten wir doch – auch wir! – in jenes Dunkel eindringen können, das heller ist als alles Licht, möchte es auch uns gelingen, auf jedes Wissen und auf jedes Erkennen zu verzichten, möchten wir doch wenigstens erkennen, dass niemand Den kennen kann, der jenseits von aller Sicht, aller Erkenntnis bleibt.

Dies allein ist eine wahrhafte Sicht und eine echte Erkenntnis: Nur durch die Tatsache selbst, dass man auf alles verzichtet, was ist oder nicht ist, und sich außerhalb des Geschaffenen stellt, feiert man würdig und wahr das Unerschaffene Licht, das erschaffend stets im Unerschaffenen bleibt.

So etwa wie ein Bildhauer, um zu einer Wesensgestaltung zu gelangen, mit Hammer und Händen den Marmor von aller Materie reinigen muss, die dem reinen Anschauen der in ihm noch gänzlich verborgenen Form im Weg stünde: Unsere einzige ausführbare Tat ist das Wegräumen solcher materieller Hindernisse! Nur dies negative Aberkennen kann uns erlauben, die verhüllte Schönheit des unbekannten Bildes zu offenbaren.

Aber um die absprechenden Verneinungen heilig zu feiern, werden wir auch, so glaube ich, einen Weg einschlagen müssen, der genau dem entgegengesetzt ist, den wir wählen, wenn wir zusprechende Eigenschaften bejahen. Für diese müssen wir allerdings mit den einfachsten, allgemeinsten Eigenschaften beginnen, und von da können wir dann über die mittleren zu den niederen und handgreiflicheren Konkretionen Stufe für Stufe hinabsteigen. Für die Verneinungen nicht. Hier ist unumgänglich, gerade mit den äußerlich fasslichsten zu beginnen, um dann Stufe für Stufe zu den Höhen des Allgemeinsten aufzusteigen und dann das Urerste des Wesens durch Entfernen aller nicht zutreffenden Beschränkungen würdig herauszulösen. Dann erst werden wir hüllenlos jene Unkenntnis begreifen, die in jedem geschaffenen Wesen unserer Endlichkeit die Kenntnis des Unbegreiflichen verhindert; denn die Lichter des Seienden verdecken das dunkle Urlicht des Schöpferischen, das doch das unvergleichlich hellere ist.

KAPITEL III

BEJAHENDE UND VERNEINENDE THEOLOGIE

In meinen Entwürfen zur Wissenschaft von Gott habe ich bereits die Bejahungen untersucht, welche eine positive Theologie Gott zusprechen kann. Ich habe gezeigt, in welchem Sinn es zu verstehen sei, wenn wir die göttliche Natur gut, einig, dreifaltig nennen, ferner was jenes ist, das wir in ihr Vaterschaft, was jenes, das wir in ihr Sohnesschaft nennen, in welchem Sinn die Theologie vom göttlichen Geist spricht und wie aus dem Herzen des Ur-Guten – das selbst ungreifbar und unsichtbar bleibt – das Licht jedes Guten hervorbricht, aus ihm sich über alles Geschaffene hinbreitet, ohne durch die Ferne an Kraft einzubüßen, ohne je geringer zu werden, unerschöpflich aus Ihm strahlend, ewig in Ihm ruhend, und Ihn nie verlässt. Ich habe angedeutet, wie Jesus aus dem Dunkel dieses Urerschaffenen Lichtes herausgetreten ist, ohne es doch zu verlassen, um in Wahrheit und über alles Nur-Wesenseiende hinaus ganz und gar menschliche Natur anzunehmen und Brücke zu werden zwischen dem unendlichen Außer-All und jedem endlichen Nur-Hier – und noch viele andere Mysterien haben meine theologischen Entwürfe zu deuten versucht, immer aus den Worten der Schrift.

In meiner Abhandlung über die göttlichen Namen ist gezeigt worden, warum Gott als das allumfassende Gute bezeichnet wurde, als das All-Sein, das All-Schaffen, das All-Leben, als die All-Wesenheit und All-Kraft, und so weiter, und insofern Er mit allen uns verständlichen Namen des göttlichen Allwirkens benannt werden kann. In meiner symbolischen Theologie sind die unähnlichen Ähnlichkeiten untersucht worden, mit deren Hilfe wir Göttliches durch sinnlich Fassbares versinnbildlichen, also mittels der Sinne zum Sinn gelangen können. Es wurde gezeigt, was göttliche Gestalten, Formen, Glieder, Werkzeuge für uns veranschaulichen sollen, immer in Hinblick auf das unfassbar Göttliche. Es wurde der übertragene Sinn von Orten und von Schmuck in Bezug auf Gott, von Zorn, Trauer, Groll in Bezug auf Gott, von Trunkenheit, Rausch, Eidschwüren oder Flüchen in Bezug auf Gott erklärt und was Schlaf und Wachen und die anderen heiligen Ähnlichkeiten in den Bildern symbolischer Gottesgestalten bedeuten.[305]

Ich nehme an, es ist dir bereits aufgefallen, um wie viel mehr Worte und Erklärungen solche symbolischen Bilder des Unvorstellbaren brauchen, so dass die Abhandlung über die symbolische Theologie notwendigerweise viel umfangreicher geraten musste als die Entwürfe zur Wissenschaft von Gott und die »Namen Gottes« zusammengenommen.

Ganz anders, je höher wir uns zum Einen erheben. Da werden unsere Begriffe aber auch umso reiner, wahrer, bestimmter, denn alles eben noch Verständliche schmilzt und strömt in diesem Einen zusammen.

Doch jetzt, da wir bis zur absoluten Urdunkelheit emporsteigen, welche alles Vorstellbare von oben her und von unten her und aus allen Vorder- und Hintergründen umfasst – weil sie ja die Voraussetzung für jedes Aufleuchten ist – jetzt handelt es sich nicht mehr um Bestimmtheit, jetzt geht es um die reine Überwindung jeder Bestimmtheit, also um das Aufhören der Gültigkeit von Worten und Gedanken überhaupt. Als noch unsere Untersuchungen vom Allgemeinen zum Besonderen herabschritten, nahm deren Umfang zu, je mehr wir uns von den Höhen entfernten, um bis in die Niederungen der Einzelerscheinungen vorzudringen. Jetzt aber, da wir vom Fassbaren in Richtung auf die unfassbaren Höhen emporzusteigen uns anschicken, wird sich der Umfang unserer Rede immer mehr verengen – bis wir an einen Punkt unseres Anstieges gelangen, wo wir ganz und gar verstummen müssen, um uns still dem Unsagbaren einzufügen.

Fragst du aber, ob es wirklich nötig ist – und warum –, nur von Oben her zu beginnen, wenn es sich um Bejahungen handelt, und nur von Unten hin, sobald wir es mit Verneinungen zu tun haben? Dann antworte ich dir: Um Bejahendes auszusagen von Dem, der jede Bejahung übersteigt, mussten unsere Behauptungen ihre Stütze in der Höhe suchen, also bei allem für uns gerade noch Sagbaren suchen, das Ihm trotzdem schon so nahe wie möglich käme. Dagegen, um Negatives von Ihm auszusagen – von Ihm, der jede Verneinung übersteigt –, müssen unsere Behauptungen notwendigerweise damit beginnen, zunächst zu verneinen, was Ihm am fernsten liegt – also das Besondere.

Ist es nicht wahr, dass Er leichter das Leben oder die Güte genannt werden könnte, als etwa Luft oder Gestein? Und dass der Irrtum größer wäre, Ihn rachetrunken oder zornig zu nennen, statt »Das zeugende Wort« oder »Den sinngebenden Geist«?

KAPITEL IV

DER URHEBER ALLES WAHRNEHMBAREN KANN NICHT SELBST WAHRNEHMEN

So sagen wir es denn: Der Urgrund des Alls, über alles hinaus, was Schöpfung heißt, kann nicht Stoff sein, nicht Geist, nicht Wesen, nicht Leben, nicht Bewusstsein; nicht Körper, Figur, Form, Bild, Idee, Qualität oder Quantität oder Masse. Er kann nicht an einem Ort mehr sein als an einem anderen, kann also nicht konturenhaft gesehen oder überhaupt durch abgrenzende Sinne oder Gedanken erfasst werden; also kann Er auch weder Sinne erregen noch durch Sinne erregt werden, kann überhaupt nicht gestört werden, entzieht sich jeder Ordnung oder Unordnung und schon gar jedem Verstricktsein in materielle Unterscheidungen. Kein Zufall und keine Beziehung und kein Misslingen kann Ihn je betreffen oder gar Seine Allmacht beschränken, ebenso wenig wie ein Mangel an Licht – und keine Veränderung oder Wandlung oder Entwertung, keine Vernichtung, keine Teilung, keine Entbehrung, kein Abströmen oder was sonst noch dem geschaffenen Bereich der Sinne angehört, hat je bei Ihm Statt.

KAPITEL V

ÜBER DIE UNFASSBARKEIT GOTTES

Noch höher steigend, sprechen wir jetzt aus, dass dieser Urgrund nicht Seele ist und auch nicht Geist, dass ihm weder Einbildungskraft zueigen sein kann noch Meinung, noch Vernunft, noch Erkenntnis; dass Gott weder ausgedrückt werden kann noch auch Ausdrücke vor anderen Ausdrücken wählt. Er kann auch weder Zahl haben noch Ordnung, noch Größe, noch Kleinheit. Er kann nicht Gleichheit sein, nicht Ungleichheit, nicht Ähnlichkeit, nicht Unähnlichkeit. Er kann nicht unbeweglich sein, noch auch sich bewegen, kann weder seine eigene Veränderung wollen, noch seine eigene Veränderung bewirken. Er ist auch nicht »das Mögliche« , noch auch »Das Licht« , lebt nicht und ist auch nicht Leben (welches immer Veränderung wäre): Er ist also auch nicht Essenz oder Existenz, nicht Sein, nicht Zeit, nicht Wirken, nicht Gelten, nicht Abfolge, nicht Beharrung, kein Hingebreitetsein und kein Hinbreiten – man kann Ihn daher mit Gedanken niemals fassen. Er ist aber auch nicht Wissen, nicht Wahrheit, nicht Herrschaft, nicht Weisheit, nicht die Eins oder die Einheit oder Göttlichkeit oder Güte oder Schönheit oder Geist in dem Sinne, in welchem wir Menschen es begreifen könnten. Er ist nicht Vaterschaft, nicht Kindschaft, nichts, was sich mit irgendetwas Bekanntem oder Erfahrenem irgendeines wesbaren Wesens vergleichen ließe. Er ist nichts von dem, was dem Nichtsein angehört, aber auch nichts von dem, was dem Sein angehören könnte. So kann

Ihn niemand erkennen, so wie Er ist, aber auch Er, als der Unendliche schlichthin, kennt uns nicht: Er kann das Endliche nicht als ein bloß Endliches hinnehmen,[306] denn auch dies wäre schon Verzicht auf Unendlichkeit.

So entzieht Er sich unserem Denken, Rufen, Wissen, ist also auch nicht Dunkel, auch nicht Helle, nicht Irrtum oder Wahrheit; man kann Ihm nichts zusprechen vor anderen, nichts absprechen vor anderen, nichts anvertrauen und nichts ableugnen – denn wenn wir Ihm im Endlichen Grenzen setzen, durch Zuspruch oder durch Leugnung, muten wir Ihm Beschränkungen zu, die an Ihn niemals heranreichen können. So viel wir Ihm auch gläubig zuschreiben mögen, glauben wir doch in all unserer Frömmigkeit nie etwas Ihm Zumutbares, da Er jenseits von aller Zumutung bleibt. Er allein ist der Urgrund, der allumfassende Ursprung alles Seins und Nichtseins, darin Vollkommenheit und Überschwang, die Fülle von Allein und der Verzicht auf alles und die Jenseitigkeit selbst über alles umschlossen liegt. Kein Sein und kein Nichtsein kann Ihn treffen, und Ja und Nein erreichen Ihn nicht.

ANMERKUNGEN

1 Die Engel-Hierarchie, Amerang 2010.
2 Ex 3, 14.
3 Abbé Chaume, Origines de la Bourgogne, Bd. 1, Dijon 1932.
4 Werner Jaeger, Gregor von Nyssa, Leyden 1954, vgl. J. Daniélou, Grégoire de Nysse, vie de Moïse, Paris 1943, Patrologia Graeca, Greg. Nyss. tom XXXXIV.
5 Mahnke, Unendliche Sphäre und Allmittelpunkt, Halle 1937, vgl. auch Gandillac, Pseudo-Denys, S. 40.
6 Myst. Theol. Kap. V (M 1048 A-B). Siehe hierzu auch J. Maréchal, Philosophie des Mystiques Bd. II, Brüssel 1937; J. Daniélou, Grégoire de Nysse, und M. de Gandillac, Pseudo-Denys, beide Paris 1943, zuletzt Werner Jaeger, Gregorius v. Nyssa, Leyden 1954. – Bei Gandillac findet sich zu dieser Frage die interessante Anmerkung: Nach Act. Apost. 7, 30, »ein Engel erschien ihm und er hörte die Stimme Gottes«, sei dieser Text so zu verstehen, dass der Vorrang des Lichtes aufgezeigt werden soll, denn man könne Gott zwar hören, aber niemand werde Ihn jemals sehen können.
7 Namen Gottes, VIII, 9, M 897 A-B.
8 Hier. Eccl. IV, 3, M 484 A.
9 Vgl. auch Urs von Balthasar S. J., Maximus der Bekenner, Höhe und Krise des griechischen Weltbildes, Freiburg Br. 1941.
10 Achter Brief, 6, Ende, M 1100 C.
11 Vgl. Madeleine David, Dieux Sumériens et Destin en Babylone, Paris 1948.
12 Wie Westeuropäer und Nordamerikaner in Indien gern genannt werden.
13 Die Stelle, auf die hier Bezug genommen ist, befindet sich in »Peri tês Ouranias Hierarchias«, Migne P. G. III, 212, C.
14 In diesem Sinn bin ich jedenfalls viel weiter gegangen als Stiglmayr: ich habe mich von der griechischen und oft griechisch hebraisierenden Syntax des Autors erheblich mehr entfernt als er. Ich hoffe: gerade um die Meinung des Autors in deutscher Sprache umso klarer hervortreten zu lassen.
15 1 Kor 2, 4.
16 ταϛ αφϑεγτοιϛ χαι αγνωστοιϛ αφϑεγτωϛ χαι αγνωστωϛ, gleich zu Anfang ein gutes Beispiel für die vom Verfasser gern gebrauchten

hebraisierenden Wortwiederholungen oder Wortabwandlungen, die nicht mit den hieratisch neunfach sich steigernden Begriffs-Ableitungen oder Begriffs-Aufhöhungen verwechselt werden sollten.

17 ενας ενοποιος απασης εναδος »die einsmachende Eins jeglicher Einheit«. Auch an dieser Ausdrucksweise mag deutlich werden, was unter den hebraisierenden Wortspielen und Tautologien des Dionysios Areopagita zu verstehen ist. Sie sind meist nach dem Vorbild des Alten Testaments gebaut (»segnen durch Segen«, »steinigen mit Steinen« etc). Das neuplatonische Beispiel würde im Gegensatz hierzu einfach lauten, wie bei Proklos, Th. Plat. 132: ενας πασων εναδων.

18 D. A. versteht hier und im Folgenden unter »Hagiographen« die Verfasser der Bücher, aus denen sich die Heilige Schrift zusammensetzt; die Bedeutung dieser Worte hatte sich aber gewandelt; auch schon um das Jahr 500 bezeichnete man mit Hagiographen eher die Kirchenväter, insofern sie eine Lebensgeschichte von Märtyrern oder von Heiligen verfasst oder sonst über heilige Gegenstände geschrieben hatten, nicht aber die Verfasser des zur heiligen Grundlage erklärten Kanons selbst (besonders seitdem Papst Damasus d. Hl. im Jahre 389 aufgrund der Arbeit seines Sekretärs, des heiligen Hieronymus, diesen Kanon genau definiert hatte). Wenn D. A. von diesem Sprachgebrauch absichtlich abweicht, so tut er dies nur, um seine eigenen Schriften für viel älter ausgeben zu können, als sie es wirklich sind, und um deren Verfasser in die ehrwürdige und zugleich schützende Dunkelheit der Apostelzeit zurücktreten zu lassen.

19 (νοας) επιβαλλοντας, eigentlich in die Berührung emporgeworfen, im Sinne mystisch fühlbarer Kommunion und Erkenntnis Gottes. Die späteren Mystiker haben dann dieses επιβαλλειν mit *attingere* übersetzt, »ein fühlbares, außerordentliches Innewerden Gottes«.

20 Aus der Unendlichkeit ins Endliche abgefallen, um vergängliches Wesen zu werden, im Sinne etwa Anaximanders – und um zugleich auch ein zur Erlösung fähiges Geschöpf zu werden, zurück in die Ewigkeit zu kehren, im Sinne der christlichen Offenbarung.

21 Stiglmayr meinte, dass diese »lehrreiche Stelle Dionysios vom Vorwurf des Pantheismus reinigt«, weil hier deutlich der Ton auf den schöpferischen Akt Gottes gelegt sei, und dementsprechend wären dann auch die Ausdrücke »Einheit« und »Alleinherrlichkeit« und »Urlicht« zu deuten: Gott verbleibe auch beim Schöpfungsakt, der die Welt hervorbringt, stets in der Einheit mit sich selbst, und das heißt, im Unendlichen.

Ich muss gestehen, dass mir beim Lesen des Dionysios Areopogita niemals der »Verdacht des Pantheismus« gekommen ist. Dieser Verdacht wurde ja schon auf dem Lateranischen Konzil von 649 widerlegt, und zwar durch Maximus den Bekenner. Alle Bemühungen des Dionysios sind stets auf das Deutlichste dahin gerichtet, das Abgleiten in Magie zu verhindern, in die er so viele christliche Sekten zurücksinken sah. Darum hat er sich so sehr bemüht, die Unendlichkeit Gottes deutlich zu machen, sein Einig-Ewig-Einzig-Überhauptsein im Sinne des Alten Testamentes, und darum hat er auch die Platonische und Neuplatonische Einheitslehre und die aus Indien herübergekommene Lehre vom Nichts-Nicht – in ihrer Parmenidisch-Plotinischen Form – diesem Glauben einzuverleiben versucht. Da aber ein so gereinigter »negativer« Gottesbegriff zwischen diesem für alle endlichen Wesen unkennbaren Überhauptgott und jeder lebbaren und kennbaren Gegenwart eine grundsätzlich unüberbrückbare Kluft aufreißt, so wird dadurch über jeden Schöpfungsakt hinaus die Rolle Christi, des fleischgewordenen Wortes, des Mittlers zwischen Unendlich und Endlich in Seinem ganz Gott und ganz Mensch sein, zur entscheidenden Erlöserrolle aus dem Zirkel der Endlichkeit. Des Dionysios angeblicher Pantheismus erweist sich also bei näherer Untersuchung als eine metaphysische Begründung der christlichen Epiphanie aus dem sonst ewig unerreichbaren Absoluten ins sinnlich sinngebend Menschliche.

22 Bis zu Cyrill von Alexandrien war der Ausdruck *Hypostasis* durchaus noch mehrdeutig, denn er wurde nicht nur für die göttliche Dreifaltigkeit gebraucht, sondern auch als »Hypostasen der Natur« verstanden, als Einstellungen, Verkörperungen, Auftretensformen von Naturkräften. Erst von da an wird dieses Wort ausschließlich für die drei Hypostasen der heiligen Dreifaltigkeit angewandt. Auch dies diente schließlich dem Argument, dass Dionysios nicht der Areopagite sein könne, für den er ausgegeben wurde, sondern in Wirklichkeit erst nach Cyrill von Alexandrien geschrieben haben müsse.

23 εξ ης αρρητως υ απλονς Ἰησους συνετεϑη (αφϑεγχτως) – ex qua humanum humilitatem, ex qua simplex Jesus ineffabili modo consistit. Dies ist eine der wenigen »unorthodoxen Stellen« im Gesamtwerk des Dionysios. Wie durfte er seiner Einheitslehre zuliebe vom »einfachen« Jesus sprechen, der »von der Niedrigkeit des Menschentums seinen Ausgang nehmend auf unaussprechliche Weise mit dem Göttlichen zusammengesetzt worden« sei?
Gandillac übersetzt 1943 diese selbe Stelle: »bassesse de l'homme que Jésus a s s u m a «, die Jesus ohne Vorbehalt auf sich nahm.

Und in solcher wie mir scheinen will doch wohl richtigeren Übersetzung vermag ich ebenso wenig Unorthodoxes zu finden wie im griechischen Original.

24 Unsterblich und »ewig g e w o r d e n « (!) wäre eine dem Geist des D. A. wohl unwürdige Übersetzung.

25 1 Thess 4, 17.

26 Lk 20, 36.

27 Sobald wir auf den überwesentlichen Strahl stoßen (εις την υπερουσινα, αχτινα… επιβαλλομεν). »Und dieser Strahl ist identisch mit Gott«, bemerkt Stiglmayr zu dieser Stelle. Ich möchte hinzufügen, mit Gott als Idee oder Urgrund des Unendlichen und Unerschaffenen, woraus sich dann in Byzanz die Geheimlehre vom »Unerschaffenen Licht« entwickelt hat.

28 Der geläufige Ausdruck seit Gregor von Nazianz wäre τρισση ενας, und so zitiert auch Stiglmayr; ich kann aber diese Lesart bei D. nirgends finden: in Migne 593 B steht wie in allen anderen Ausgaben und Ms. immer την τριαδιχην εναδα.

29 ειτε επιβολας ειτε παραδοχας, sei es als Einstrahlungen, sei es als Aufnahmen, was Gandillac übersetzt: »soit des étincelles, soit des dons«, wohl mit Rücksicht darauf, dass dieses Synonymon häufig bei Plotin im gleichen Sinn gebraucht wird.

30 Röm 11, 36, in unermüdlichen Variationen wiederholt.

31 Gen 32, 29.

32 Ri 13, 18. / [18b] Eph. 1, 21.

33 Ex 3, 14.

34 Dieselbe Stelle Ex 3, 14 in der Übersetzung der Septuaginta und der Vulgata.

35 Joh 1, 1; 8, 12; 14, 6; Ex 3, 6.

36 Gen 28, 13.

37 Lk 18, 19.

38 Cant 1, 16.

39 Job 9, 4.

40 Cant 2, 16.

41 Ps 49, 1.

42 Apoc 17, 14.

43 Dan 9, 24.

44 Bar 4, 7.

45 Ecclesiast 24, 14.

46 Act 17, 25.

47 1 Kor 1, 30.

48 Is 14; Röm. 11.
49 Os 1; Joel, 1.
50 2 Tim 2, 19.
51 Dan 13.
52 1 Kor 1; Psal. 23.
53 Apoc 19.
54 Dan 7.
55 Ps 101.
56 Is 1.
57 Mt 1.
58 1 Kor 11.
59 Ps 94, 1.
60 3 Reg 19.
61 Eph 3.
62 Sap 7.
63 1 Kor 6; 1 Thess 5.
64 Jer 23.
65 Joh 1, 10.
66 Eccles 43.
67 Is 66, 1.
68 Ps 112.
69 Mal 4, 12.
70 Apoc 23, 16.
71 Dtn 4, 24.
72 Joh 7.
73 Joh 4.
74 Os 14.
75 Os 6.
76 Ps 80; Eph 11, 2.
77 1 Kor 3; 1, Kor. 10.
78 Vgl. den Kommentar von Cordier über die Auslegungen von »Autolythos«, M. 3, 606.
79 Über die Vorgeschichte solcher Zusammenstellungen v o r D. A. verweist Stiglmayr auf Weertz, Theol. u. Glaube IV. S. 650 f: »Handlangerdienste des Neuplatonismus«.
80 1 Kor 15, 28.
81 Vgl. D. A. Ep. IX, 3 (M 1109 C), dazu vgl. Koch, a. a. O. S. 228 f.
82 Elektron.
83 Ps 32.
84 Jak 5, 4.

85 Dan 7, 9.
86 Ijob 10, 8.
87 Ps 90.
88 Ps 16.
89 Ps 86.
90 Ex 33, 28.
91 Gen 3.
92 Ps 44.
93 Ps 88.
94 Ps 84.
95 Prov 9, 2.
96 *Epopteia* hieß der höchste Weihegrad in den Eleusinischen Mysterien.
97 *Apolytroumenoi*, was Gandillac übersetzt; »épargnons leur cette lutte sacrilège«.
98 Mt 19, 17. Aber D. A. zitiert hier einen griechischen Bibeltext, der dem Wortlaut der Vulgata nicht entspricht; Doch im griechischen Original steht »warum nennst du mich gut?«
99 Mk 10.
100 την υπερηνωμενην εναδα αποσχιξειν.
101 Und nicht nur vom Sohn, vom Heiland, wie es Marcion behauptete. Dies nämlich ist auch eine der großen Kontroversen jener Zeit. (Vgl. die Ausführungen Hugo Balls in unserem ersten Band.)
102 Mt 20, 15.
103 Pneuma.
104 Ps 142, 10.
105 Ex 3, 14.
106 Offb 1, 4.
107 Ps 101, 28.
108 Joh 15, 26.
109 Joh 5, 21.
110 Joh 6, 64.
111 1 Kor 11, 12.
112 Joh 1, 3.
113 Röm 11, 36.
114 Ps 103, 30.
115 Joh 10, 30.
116 Joh 16, 15.
117 Joh 17, 10.
118 Es handelt sich hier darum, »die Attribute des göttlichen Seins und

der göttlichen Wirksamkeit korrekt als die *attributa essentialia* allen drei göttlichen Personen gemeinsam zuzuschreiben« und dann hiervon »die *attributa relativa* zu unterscheiden« (Stiglmayr).

119 Eine Irrlehre aus der Zeit des Dionysios. Sie stammte von dem Philosophen Philoponos: dieser hatte verbreitet, dass es gemäß den drei heiligen Personen auch dreierlei Naturen geben müsse, und dass die Leiber der Auferstandenen demgemäß auch nicht mit deren früheren Leibern identisch sein könnten. Dagegen richtete D. A. dann eine Reihe scharfer Angriffe.

120 Wortwiederholungen, wie Dionysios sie liebt.

121 ονομα χαι χρημα: Stiglmayr bemerkt an dieser Stelle als vorsichtiger Theologe, dass mit *Chrema* »natürlich nicht die Substanz (*essentia*) gemeint sein könne, sondern nur die Eigenschaft (*proprietas personalis*)«.

122 Vor Dionysios hat auch schon Gregor von Nazianz das Geheimnis der heiligen Dreifaltigkeit durch das Gleichnis von dem e i n e n Licht, das in drei gleiche Strahlen leuchtet, dem menschlichen Erkennen fassbar zu machen versucht (M 37, 1505, carmen ad Nicol).

123 Vielleicht ist der Gedanke des Dionysios weniger geschraubt als seine Rede manchen modernen Theologen vermuten lässt: Es ist ein Versuch, den Abgrund zu überbrücken, den er gesehen hat – den Abgrund, der zwischen der endlichen Natur und der unendlichen Berufung des Menschen rettungslos klafft, falls Gott ihm nicht hilft. Es ist aber nicht des Dionysios besonderes Verdienst, diesen altbekannten Abgrund gesehen zu haben, wohl aber ist es sein Verdienst, alle magischen, mythischen, mystischen Verschleierungen eben dieses Abgrundes immer wieder aufs Strengste abgelehnt zu haben, denn seine Mystik dient nicht der Tarnung dieses Abgrundes, sondern seiner Überbrückung.

124 Der Vergleich mit dem Siegel findet sich schon bei Proklos, um die Teilnahme der Materie an den Ideen zu veranschaulichen.

125 Aus dieser so auffallend detaillierten Ausmalung des alten Siegelvergleichs wurde der naheliegende Schluss gezogen, dass Dionysios in seiner Jugend viel mit Rechtsurkunden oder Archiven zu tun gehabt haben müsse – was auf Severus noch viel besser zutrifft als auf den Richter vom Areopag.

126 Diese Formulierung des Unterschiedes zwischen Inkarnation im aktiven und Inkarnation in passivem Sinn wurde dann von der elften Synode in Toledo (675) ausdrücklich gutgeheißen und angenommen.

127 »Ganz frappierend aber kehren die drei biblischen Ausdrücke genau

in derselben Fassung und Reihenfolge bei Proklos wieder, in Morbekes lateinischer Fassung von »de malorum subsistentia« (Cousin, p. 209, 24)

128 Ein philosophisch-religiöses System, das darauf gegründet wäre, alle -schaften erst aus vorangegangenen -heiten und diese wieder aus noch früheren -ungen abzuleiten, könnte diese Kette natürlich entsprechend fortsetzen.

129 περισσως χαι ουσιωδως προενεστι eine Unterscheidung, welche später durch die thomistische Philosophie in der Lehre von den Ursachen wiederaufgenommen wurde, als *causa essentialis, causa formalis, causa efficiens etc.*

130 ου μονον μαθων, αλλα χαι παθων τα θεια

131 Andere Lesart: die Gottheit Jesu. Aber *tou Yieou* ist viel wahrscheinlicher und passt viel besser in den Text als *tou lésou.*

132 αναλλοιωτως χαι ασυγχυτως – Ausdrücke, die genau den Formeln des Chalkedonense entsprechen. Dagegen spricht das hier gleich Folgende:

133 χατ' ουσιαν υπερουσιος womit D. A. wieder »dem bereits von ihm rezipierten ›duo physeis‹ aus dem Wege zu gehen scheint und die menschliche Natur Christi in der göttlichen gleichsam verschwimmen lässt«, wie Stiglmayr bemerkt. Doch nicht anders, als ein Endliches im Unendlichen verschwimmt, zu dessen Träger es auserkoren wurde, nach den mehrfach von D. A. gebrauchten Vergleichen. Der Verfasser war eben nicht nur bemüht, die verschiedenen Theologenschulen miteinander auszusöhnen und die Monophysiten vorsichtig zur orthodoxen Kirche wieder zurückzuführen – er hatte auch selbst ein Hauptanliegen, das er klarzulegen nie müde wurde, nämlich:

134 Die Kluft zwischen Unendlich und Endlich zu überbrücken, zwischen dem einig-einzig-ewigen Gott, für Menschen unkennbar, und seinen gläubigen Geschöpfen, für alles Unendliche taub und blind – nur der Heiland kann uns über diese Kluft hinüberführen. Darum hier auch die »ganz im Stil der platonisch beeinflussten Stoa geschilderte Weltvernunft, die als Weltgesetz das ganze Universum durchwaltet« – und dann die Offenbarungswahrheit von der Menschwerdung des Logos. Worauf D. A. sein ganzes Bemühen richtet: Die Menschwerdung des sonst allen Menschen völlig und ewig unzugänglichen Logos in der Person Christi – und seine eine, einig-einzige »wesensgleich überwesentliche« Gottheit, die in Liebe als Mensch unter uns wandelte.

135 Auch hier bedeuten die Ausdrücke des Hervorbringens, Schenkens

und Schaffens, Mitteilens und Vollendens eine klare Ablehnung pantheistischer oder neuplatonischer Lehren.

136 Es fehlt nicht an solchen verzweifelten Versuchen bei D. A., die Lehren der heiligen Dreifaltigkeit mit der Grundlehre des Alten Testamentes vom Einig-Einzigen Allschöpfergott in Einklang zu bringen, immer wieder kommt es zur Entleerung dieses Zentralbegriffes bis ins Parmenideische oder Brahmanische Nichts-Nicht, und zur einzigmöglichen Rettung – dem Sichtbarwerden des Unsichtbaren und Gewärtigen des Unvergegenwärtigbaren allein in Christi Epiphanie.

137 1 Kor 8, 5.

138 Auch hier wird von Koch und Stiglmayr Proklos zitiert und »der Mangel an spezifisch christlichen Gedanken« in diesem Absatz festgestellt, der »nur verstanden werden kann, wenn wir uns zuerst die neuplatonische Gebetstheorie vergegenwärtigen«.

139 η δις τα wurde von Hilduin und Eriugena irrtümlich für ηδιστα gelesen, was sie dann als »fröhlichste Wissenschaft« übersetzten – ein Ausdruck, den tausend Jahre später Nietzsche aufgreifen sollte.

140 Vgl. Anm. 36 zum folgenden Kapitel.

141 D. A. ist unstreitig einer der berühmtesten Fälle »tautologischer« Ausdrucksweise. Die Kunst der rhetorischen, politischen, rituellen, religiösen und dichterischen Tautologie stammt aus der Zeit magischer Zauberformeln, und der Gebrauch pflanzte sich besonders in religiösen Texten immer wieder fort. Freilich, D. A. übertreibt manchmal diese Kunst. Umso überraschender könnte es scheinen, dass er sich selbst gegen den Gebrauch solcher Künste verwahren sollte … wenn nicht diese ganze Stelle ohne Zweifel ein späteres Einschiebsel wäre.

142 ασθενεια

143 Stiglmayr bemerkt, dass diese ganze eingeschobene Szene, darin die »Satzkonstruktion in die Brüche geht«, dem apokryphen Transitus Mariae nachgebildet sei, um sich selbst und den Adressaten mitten in die Gesellschaft der Apostel zu versetzen. »Logisch klappt der Zusammenhang nicht, weil unmittelbar vorher von *deutlicheren* Stellen des Meisters die Rede ist, die keiner Erklärung bedürfen!« Trotzdem, die Art und Weise, wie sich Dionysios hier über seine Schriftstellerei rechtfertigt, sei echt und trage »augenscheinlich persönliche Züge an sich«.

144 Auch dieser Satz hat dazu beigetragen, den Verfasser in den Verdacht des Pantheismus zu bringen, wenigstens bei ängstlichen Gemütern, die über einem Wortlaut den Sinnzusammenhang vergessen.

D. A. erweitert den alttestamentarischen Gottesbegriff auf den gesamten Kosmos im Sinne der griechischen Philosophie und vertieft diesen sophistischen Pantheismus im Sinne der alttestamentlichen Schöpfungslehre – die daraus sich ergebende Vorstellung vom Einig-Einzig-Ewigen Schöpfergott kann aber dann nicht mehr menschlich-persönlich aufgefasst werden, sondern nur noch parmenideisch, indisch, im Sinne der Mystischen Theologie des D. A., im Sinne des Nichts-Nicht! Alle Allegorien verblassen, der Urgottbegriff entleert sich aller beschränkenden Prädikate – und damit dieser von Menschen so vorgestellte Gott die Menschheit seiner Geschöpfe überhaupt treffen könne, bedarf es der Heiligen Dreifaltigkeit – bedarf es der Erscheinung Christi. Erst durch Christus gewinnen wir Zugang zum Unendlichen, Ewigen, ohne es – wie einst – magisch vergewaltigen oder ins Endliche herabzwingen zu wollen – und erst durch Christus gewinnt das Ewige, Unendliche, einen liebenden, menschlichen Zugang zu den Menschen, die im verleiblichten Christus Sein Unsichtbares Angesicht schauen, ohne daran zu vergehen. Dies ist jedenfalls die grandiose Lehre des D. A., die eine christliche Vermenschlichung nicht nur der Liebe, sondern auch der Allmacht Gottes miteinbegreift. Gott spielt nicht mit uns willkürlich wie ein orientalischer Pascha, auch nicht wie ein liebender Pascha. Die alte Idee der Gerechtigkeit und die neue der Gnade und Liebe, beide gebunden an jene Verantwortung und Freiheit, welche sich nicht alles Mögliche gestalten kann, machen begreiflich, warum auch in einer Welt der Güte das Gelingen so selten ist.

145 νοηται χαι νοεραι ουεραι ονσιαν, intellectiles ac intelligentes substantiae – Stiglmayr: »alle intelligiblen und intellektuellen Wesen«.

146 Lesarten: εστια oder εστιασις, Gandillac übersetzt »le sanctuaire (la pâture) de leur bien propre«. Scotus übersetzte »refectio bonorum«, und bei Cordier steht »pabulum bonorum«. Also den Geruch – oder die Heiligung.

147 Im Gegensatz zu allen anderen Forschern meinte Dulac, dass hier nicht auf die tatsächlich zuerst verfasste *Hierarchie des Himmels* angespielt sei, sondern auf ein anderes – fiktives – Werk.

148 αδυτον das Unerreichbare, *sanctorum sacratissimum*, das allem Geschaffenen Unzugängliche – das Unerschaffene Licht.

149 Diese grandiose Konzeption des D. A. stammt also *nicht* aus einer pseudo-platonischen Begriffshypostasierung (wie etwa bei Proklos), sondern aus einer ursprünglich magischen Überlieferung und einer dann von Magie völlig gereinigten inneren Erfahrung (dies ist,

wenn man will, seine »Mystik«). Nicht einfach weil der Begriff des Allguten gesetzt und mit solchem Inhalt gesetzt wird, muss dieses Übergute dann notwendig auch alles Geschaffene umfassen und kann gar nicht anders gedacht werden. Die Setzung dieses Begriffes selbst – als Akt, als Tat – und dieses Nichtanderskönnen selbst sind nach D. A. eben nicht Spiele des Geistes oder gesetzte Begriffe oder magische Anrufungen und Herstellungen, sondern geoffenbarte Kräfte, sich gerade dadurch offenbarende Kräfte, sind reale Beweise der wirksamen Allgegenwart Gottes.

150 οσα εν τ' αγαθω της των ανειδεων εστιν ωπεροχιχης ειδοποιιας Gandillac übersetzt dies »car toute forme qui se nie du bien signifie pour lui transcendance informatrice« (*rerum sunt informium superminentis efformationis*).

151 Dieser ganze Abschnitt 3 ist deshalb so schwierig und hat darum auch Anlass zu so vielen Kommentaren gegeben, weil sich D. A. – wohl mit Absicht – hier sehr kunstvoll und weise doppeldeutig ausdrückt im Sinne seiner Mystischen Theologie, der Lehre vom Nichts-Nicht: Das Schöpferische ist gestaltlos, ist das Nichtbestimmbare, denn jeder Inhalt setzt Grenzen und Nichtinhalte voraus.

152 Gen 1, 16.

153 απηχημα vgl. IV, 20 und VI, 1 und VII, 2; ebenso Hierarchie des Himmels, II, 4; XIII, 3; XV, 8.

154 Gegen diese gleichsam physikalische Seite der Gnadentheorie des Guten hat sich die spätere Theologie mit Heftigkeit gewandt, denn tatsächlich vergehen ja nach diesem Bericht drei volle Schöpfungstage, ehe JAHWEH die Sonne und den Mond erschafft! (Gen 1,14).

155 Gen 1, 19.

156 Wieder muss hier vor einem typisch modernen Irrtum gewarnt werden. Es handelt sich hier durchweg nicht um willkürliche Setzung eines Begriffes, z. B. des Guten, der dann so gefasst wird, dass alles Übrige daraus in Zirkelschüssen folgt, nach dem bekannten Schema: »Gott ist jedenfalls gerecht, denn wäre er es nicht, dann wären die Übel, die uns treffen, keine Strafen.« Gewiss, auf diese Weise kann man auch die Allgegenwart des Guten beweisen, wenn man zuvor so klug war, das Wesen des Guten als allgegenwärtig zu definieren. Und manche Kommentatoren meinen, dass D. A. nichts anderes damit habe beweisen wollen oder doch wenigstens nichts anderes damit habe beweisen können. Es sind dieselben, die den christlichen Glauben am liebsten auf bewiesene Wunder gründen möchten. Aber so war der Verfasser der areopagitischen Schriften

nicht. Das Gute, auf das er sich beruft, ist nicht ein Begriff, sondern eine innere Erfahrung, geboren nicht aus Wunderglauben, sondern aus christlichem Weltverstehen, so wie es nach ihm ein Scotus, ein Anselm noch einmal erneuerte, der eine mit der erneuerten Lehre vom schöpferischen Nichts-Nicht, der andere mit seinem »realistischen Gottesbeweis«, den Denkmöglichkeiten dieses realistischen Christentums ein Ende bereitete.

157 Ἥλιος – αολλης eine falsche Etymologie, aus Platons Kratylos übernommen.

158 Röm 1, 20.

159 Lk 7, 47.

160 Vgl. Platons Symposion, 211 A.

161 Vgl. Ps 104, 2.

162 Das χαλον χ αγαϑον Platons.

163 Vgl. die hier angeführten Stellen aus der Theologie des Proklos, 113.

164 »Eine im Großen und Ganzen aus Proklos übernommene Stelle« (Koch, a. a. O. S. 84).

165 Röm 11, 36 – »in ihm« steht aber nicht im Text des Paulus.

166 ϑειος ερως – die Erklärung für diesen Ausdruck folgt gleich in Abschnitt 13.

167 Prov 4, 6-9 (es handelt sich um die Weisheit).

168 ad Rom 7, 2.

169 Sap 8, 2.

170 2 Reg 1, 26 – (aber nicht »in der Weise« der Frauen, sondern »stärker als alle Frauenliebe«).

171 Origenes lässt noch Eros neben Agape (1, Joh. 4, 16) unbedenklich gelten (M. XIII, 70 D). Bei Gregor von Nyssa treffen wir in seiner Erklärung des Hohenliedes auf lebhaftere Polemik gegen die sinnliche Auffassung des heiligen Textes (M 44, 760. 764. 772), ohne dass gerade zwischen den beiden Ausdrücken … streng geschieden wird. Schärfer mag der Widerspruch gegen den Gebrauch von Eros (anstelle von Agape) sich erhoben haben, als Theodor von Mopsueste den inspirierten Charakter des Hohenliedes angriff und aufseiten der Neuplatoniker der Kultus des Eros intensiver hervortrat. Namentlich Proklos hat eingehend über denselben sich verbreitet, und es ist in der Tat nicht zu verkennen, dass Dionysios ihn bis auf einzelne Wendungen hin buchstäblich ausschreibt.

172 Diesen Eros bezeichnet D. A, als Ekstatikos, unter Berufung auf Paulus.

173 Gal 2, 20.

174 Auch hier bemerkt Stiglmayr, dass »die kühne Rede« durch das »gleichsam« gemildert sei (Οιον αγαθοτητι χαι αγαπησει χαι ερωτι θελγεται) und eben dadurch der Lehre vom freien Schöpfungsakt nicht widerspreche.

175 Dieses Bild wird schon von Clemens v. Al. verwendet und auf Christus bezogen, M. 8, 1365; M. 9, 413 B. Auch Proklos spricht vom »Allkreis« in Tim. 64 f.

176 Das hier einem »Hierotheus« zugeschriebene Gesetz des universalen Zusammenhanges und der wechselseitigen Einwirkung aller Dinge ist bei Proklos aufs Deutlichste ausgeführt (vgl. Koch S. 74 ff, Stiglmayr S. 77).

177 Pachymeres legt dies so aus, als wären mit diesen beiden Gruppen die vorerwähnten »verstehenden und verstehbaren Mächte« gemeint. Stiglmayr weist auf Platon hin, der die Idee des Guten auch als »das Eine« bezeichnet und aus ihr zunächst die Zweiheit des Einheitlichen und des Mannigfaltigen ableitet.

178 Vgl. Plotin, Ennead. III, 5, 4.

179 Hier beginnt der große Exkurs, der die Abschnitte 18-35 umfasst, und der so weitgehende Übereinstimmungen der Diktion und der Beweisführung und der Bilder – wenn auch nicht des Geistes – mit der Schrift des Proklos zeigt, von welcher wir allerdings nur die mangelhafte lateinische Übersetzung Morbekes besitzen: »De Malorum Subsistentia«.

180 Hier wird der Unterschied deutlich: Während bei Proklos die Schlussfolgerungen nur aus den vorgefassten abstrakten Begriffen sich ergeben, stammen sie bei Dionysios aus seiner christlichen inneren Erfahrung von Allmacht und Vorsehung.

181 Den Tatsachen einer Welt der Verantwortung und Freiheit und daher sinnvollen Leidens.

182 Ex definitione.

183 Der »alethes Logos« erinnert an den Titel der Streitschrift des Celsus (»Wahrheitsgemäßer Beweis«).

184 Vgl. Plotin, Enn. XX, VI, 8, 18. So auch Proklos Inst. Theol. 21.

185 Die Lesart Cordiers εξηοηται (Gandillac: »séparer«) wird durch Stiglmayr anhand des Morbeka-Textes der Schrift des Proklos in εξηρτηται richtiggestellt: »abhängt, sich anheftet« (dependet).

186 Mt 7, 18.

187 Joh 12, 27.

188 Im ADYTON, vgl. Hierarchie der Kirche, III, 2.

189 Jud 6.

190 *Hexis* und *Energeia*, also eigentlich »im Schwinden ihrer göttlichen Haltung und ihrer göttlichen Kraft«.

191 Die Kenntnis, dass Abwesenheit des Lichtes in einem Raum die Luft »verschlechtere«, d. h. für gewisse Fäulnis- oder Gärungsprozesse geeigneter machen kann, war in der Antike jedenfalls viel weiter verbreitet als später im Mittelalter.

192 Relativierung des Übels, nicht wie bei Proklos oder nach Art der Sophisten, »wie es dem Einzelnen erscheinen mag«, sondern gemäß der Mannigfaltigkeit der geordneten Schöpfung.

193 Es handelt sich hier um die *Logoi Spermatikoi*, die natürlichen Urkeime und Modellformen für alle existierenden Arten (Archetypen, Muster, von Gott geschaffene Ideen) der Gesamtnatur.

194 Erleiden, nicht als passives Objekt sein, sondern als Lebensform.

195 Die umgekehrte Formel: Wirken durch passives Dasein.

196 Also Ablehnung der persischen und gnostischen Dualismen als grundsätzlich denk-unmöglich.

197 Hilduin, Scotus: »Schönes und Notwendiges« (Fehler des Schreibers: *kalon* statt *kakon*).

198 Stiglmayr bezieht hier Subjekt und Objekt umgekehrt (»wie benötigt das Böse das Gute«) was nach dem soeben von D. Vorgebrachten keinen brauchbaren Sinn ergäbe.

199 Gandillac bringt diese Stelle mit jenen Ausführungen in Verbindung, durch welche D. A. die Notwendigkeit einer Auferstehung der Leiber mit ihren Seelen darlegt (Hierarchie der Kirche, VII, C, 9 [565 B]), was gerade in diesem Zusammenhang durch den direkten Widerspruch mit Proklos und mit der gesamten platonischen und neuplatonischen Lehre besonders auffällig ist. (vgl. Gandillac a. a. O. S. 37).

200 Nicht etwa, »so folgt daraus«, und das ist wichtig: D. A. deutet damit an, dass er sich der Petitio Principii sehr wohl bewusst ist, deren er sich hier bedient – wieder um positiv eine innere Erfahrung anzurufen und auch in anderen zu Bewusstsein und Wirkung zu bringen.

201 Also wieder im Gegensatz zu Proklos, christlich, das Übel als Preis für Freiheit und Verantwortung. Vgl. Gregor v. Nyssa (bei Werner Jaeger), Leiden als Preis für die Freiheit der ewigen Bewegung zu Gott hin. (Gespräch mit Makrina, 14, 8.)

202 Proklos: Böses als Irrtum – Dionysios: Böses als Abgleiten der Suchenden.

203 Röm 1, 18—20.

204 Lk 12, 47.

205 Mk 4, 18.

206 Eros und Agape.

207 *»Excedit ipsam copulationem intellectus beatorum, qui essentiam Dei vident per copulationem«* (Thomas v. Aquin).

208 Ps. 17, 12; 80, 7.

209 Ex 3, 14.

210 Dieser Einwand ist keineswegs so müßig, wie er im ersten Augenblick erscheinen könnte. Es handelt sich hier nicht um die übliche griechische Sophisten Aporie.

211 Statt verstandesbegabt lasen Hilduin und Scotus »die anderen« (*loipa* anstelle von *logika*).

212 »als die anderen« ergänzte Scotus, da in seiner Vorlage die letzte Zeile fehlte.

213 Die Schwierigkeit der Deduktion hat wohl darin ihren Grund, dass die Übersetzung ωων der Septuaginta keineswegs den hebräischen Text genau wiedergibt, wenigstens genau im Sinne des Dionysios – einem Sinn, der dann erst von Thomas v. Aquin wiederaufgenommen wird: »IAHWEH« muss viel nuancierter verstanden werden, etwa »Ich bin, der ich sein werde«, oder »der das Sein bewirkt«, gemäß der altmesopotamischen, in der Begegnung von Sumer und Akkad herausgebildeten Tradition (Enlil-Ti, »der das Leben Machende«) (vgl. hierüber M. David, a. a. O.). Und Dionysios suchte eben diese Tradition mit der griechischen zu verbinden, und unterschied demgemäß a) Gott, b) das absolute göttliche Sein, c) das von Gott hervorgebrachte geschaffene Sein, d) die verschiedenen von Gott dann geschaffenen Grundformen des Seins (Ideen), und endlich e) die einzelnen Wesen, die an diesem Sein durch Gottes Güte teilhaben (relatives himmlisches Sein der Engel, irdisches Sein der Menschen und vergängliches Sein der einzelnen Dinge). Mit dieser Unterscheidung lehnte sich Dionysios nicht nur an Platon an, sondern auch an die brahmanischen Wesensunterscheidungen, die in den Hellenismus eingedrungen waren.

214 1, Tim. 17 (König der Dauer).

215 Dieser Satz könnte als die Urform der später durch Thomas v. Aquin hieraus (immer aufgrund von Ex 3,14) entwickelten göttlichen Existenzlehre angesprochen werden.

216 Vgl. Proklos, Init. Theol. Auszug hier: 1 8, 18.

217 Vgl. Proklos, Init. Theol. Auszug hier: 112.

218 Vgl. weiter unten Kapitel IX, und Anmerkung 6 hierzu.

219 Vgl. Proklos, de decem dubit. (Cousin 826).

220 Vgl. Proklos, de decem dubit. I, 218.

221 Ps 23, 7.

222 Über Aeon und Ewigkeit vgl. weiter unten Rap. X, 3 und dazu die Anm. 10.

223 Hilduin und Scotus: »der Erde und der Sonne« (der Abschreiber hatte γης statt της gelesen.

224 Clemens von Alexandrien – oder jener Clemens, der mit Paulus wirkte (Philip. 4, 3)?

225 Zusammengesetzt aus Ex 25, 40 und Os. 4, 6 (Jer 9, 14).

226 Ps 103, 29.

227 Vgl. oben IV, 23.

228 Vgl. Kirchliche Hierarchie VII, 1, 2.

229 Simon Magus aus Samaria, Apg 8, 9 ff.

230 Ps 146, 5.

231 Scotus: Hedion (Freude) statt Helion (Sonne).

232 1 Kor 1, 25.

233 Vgl. Mystische Theologie, IV. Über apophatische Theologie bei Proklos; siehe auch Koch, a. a. O. S. 208 ff.

234 Vgl. oben III, 2, εξιστασθαι, mystische Entrückung des Geistes in Gott; auch Werner Jaeger, Gregorius von Nyssa, a. a. O.

235 Kol 2, 3.

236 Vgl. oben IV, 9: die νοηται χαι νοεραι δυναμεις, die intelligiblen und intellektuellen Kräfte des aktiven und passiven Verstehenkönnens nach der Theorie des Aristoteles.

237 Σοφιας απηχημα die *obscura resonantia* der Scholastiker.

238 Joh 3, 20; 21, 17.

239 Vgl. Proklos, in Plat. Theol. 4, 5.

240 Dan 13, 42.

241 Eine eindringliche und viel zu wenig beachtete Definition der göttlichen Allmacht.

242 Vgl. Thomas v. Aqu. p. I. qu. 55, a. 2.

243 Ps 103, 24.

244 Prov 8, 30.

245 Logos.

246 Prov 8, 26, f; Sap 7, 18, ff; 8, 1, 3.

247 Ps. 29, 7.

248 Röm 8, 36; Eph 4, 13. Besondere Anspielung auf die Lehre, dass das Martyrium mystische Erkenntnis vermittele oder bedeute (einziger Hinweis dieser Art bei D. A.).

249 »In seiner unveränderlichen Selbigkeit.«

250 Z. B. 2, Par 20, 6: »in deiner Hand allein ist die Macht, so dass dir niemand widerstehen kann«.

251 ευθητοσυνη, nicht ευθυμοσυνη

252 Ἀγγηλιχων ενάδων, neuplatonischer Ausdruck.

253 Act. 13, 8 – jedoch nirgends etwas von dem angeblichen Einwurf des Elymas, den D. hier abfertigen will.

254 2 Tim. 2, 13.

255 *Autopragia*, *Idiopragia* und *Allotriopragia*, neuplatonische Ausdrücke, vgl. Koch S. 86 f.

256 Der metaphysisch-teleologische Optimismus des Proklos.

257 Stiglmayr: »Eines der schönsten Axiome der antiken Ethik – aber die Tiefe und Erhabenheit, mit der das Leidensproblem christlich zu lösen ist, war ihr versagt.«

258 Röm. 8, 19 ff – aber D. »mengt moralisches und physisches ineinander«.

259 Wichtige Stelle für die Frage des Verhältnisses von Gnade und Gerechtigkeit bei D. A., Ablehnung der alten Sündenbock-Tradition und der Idee des blutigen Loskaufs: Für D. gibt es keinen Widerspruch zwischen Gnade und Gerechtigkeit, und die durch Harmonie des Ganzen bedingte Ungleichheit der Kräfte, Fähigkeiten, Absichten, Schwächen des Willens schließen also die Gnade nicht aus.

260 Belegstellen für diese Namen in der Heiligen Schrift: Der Große, Ps. 85 und 146. Der Kleine, Is. 9, 6. Der Immergleiche, Ps. 101, 28 und 1, Kor. 12, 6. Der Immerandere, Joh. 14, 16. Der Ähnliche, Ps. 101, 7. Der Unähnliche, 2, Par. 6, 14. Der Stehende, Ps. 81, 1. Der Sitzende, Ps. 28, 10. Der Bewegende, Bewegliche, Kap. 7, 22 und 24. Der Unbewegliche, Mal. 3, 6 und 3, Reg. 19, 12.

261 S. Maximus und Pachymeres vergleichen in ihren Scholien diese Apachemata (simulacra) mit den Silenen, deren Statuetten man öffnen musste, um den verborgenen Gott zu finden.

262 Ps 101, 28.

263 2 Par 6, 14.

264 Ps 7, 10.

265 Hebr 4, 12, 13.

266 Vgl. Myst. Theol. IV.

267 1 Kor 15, 28.

268 Gen 1, 26.

269 Also auch *Abstrakta* setzen die Existenz realer Ideen voraus!

270 Vgl. Plotin, Enneade III, 3, 7; III, 8, 9; Prokl. in Tim 64 D.

271 Dan 7, 22.

272 Dan 7, 9.

273 Gen 18, 3.

274 Ps 23, 7, 9.

275 Um hier besser unterscheiden zu können, hat Thomas v. Aquin Zeit, Aeon und Ewigkeit unterschieden. Das griechische Wort *Aeon* vermischt die beiden letzteren. Gandillac schlägt die Übersetzung »Dauer« vor, welche den Doppelsinn am besten wiedergibt, einerseits Dauer innerhalb eines Aeons, einer Weltzeit, einer Schöpfung, und Dauer außerhalb ihrer, also Ewigkeit. Darauf wäre aber zu erwidern, dass Dauer den Ablauf von Zeit voraussetzt, also an die Kategorie der Ewigkeit niemals heranreichen kann, dafür aber allerdings jener christlich-apokalyptischen Ewigkeit entspräche, welche einen Anfang und dann ein Währen ohne Ende kennt. In der Überlieferung der Heiligen Schrift wurde Aeon mit »Jahrhunderte« übersetzt, *per omnia saceula saeculorum.*

276 εφιχωμεθα (Scotus: *consecuturos*, denn auch der lateinische Ausdruck *consequi*, verfolgen und erreichen, ist dem griechischen Doppelsinn nicht fremd. Also etwa »draufkommen«. (Gandillac: »parviendrons«).

277 Apoc 11, 15.

278 St. Just = Barnabas, Act 1, 23.

279 Zu dieser Demutsformel vgl. Kap. III, 2.

280 ʼΑυτοειρηνη, der göttliche Frieden; η ολη ειρηνη der Frieden an sich; η χαι ʼεχαστον ειρηνη , der Frieden im einzelnen Fall.

281 Über αγνωστος των υπερ νουν ιδρυμενων συναφη sowie über υπερ νοησιν ενωσις vgl. die Mystik Gregors v. Nyssa (Werner Jaeger, a. a. O.).

282 αταξια statt ατευξια

283 Dan 9, 24.

284 1 Tim 6, 15.

285 Ps 10, 16.

286 Apoc 19, 16.

287 Ps 49, 1.

288 Lev. 11, 44; Apoc. 31, 28; Num. 11, 28; Ps. 81, 6.

289 Eph 1, 23; 1 Tim 2, 5.

290 Vgl. Proklos in Parmen. 761, 24.

291 Ein erneuter Versuch, antike Zahlenmystik mit der Trinitätslehre zu vereinen.

292 1 Kor 8, 6.

293 1 Kor 12, 11.

294 Vgl. Klemens v. Aqu. μοναδιχον γενεσθαι, strom. 4, 24.

295 Vgl. oben die Textstellen.

296 Pachymeres glaubte hier vor Missverständnissen warnen zu müssen: »Es ist hier nur gemeint, die Gottheit sei von uns nicht erkannt, inwiefern sie Monas und Trias ist …«

297 Wendung aus Platons Gorgias 470 C.

298 Befreie dich von Sein oder Nichtsein: d. h. setze dich bewusst – von D. A. aus bewusst! – über die griechische Seinslehre des Parmenides und Nichtseinslehre des Anaximander hinweg, über den Persischen Dualismus und auch über die Indische Allauflösungslehre hinweg, die immer noch am Unterschied von Nichts-mehr-Sein und Nichts-mehr-Nichtsein haltmacht.

299 Ps 17, 12.

300 Der Unterschied ist: Indien kennt das Auflösen des *Principium Individuationis*, D. A. will es aber nicht aufgehoben, sondern als Perspektive des Unendlichen gedeutet wissen, so wie die Kugel den Kreis nicht aufhebt, sondern ihm einen neuen Sinn gibt.

301 τα εναγη παντα, von Eriugena mit »impura« übersetzt – es steht aber die alte rituelle Doppelbedeutung von Tabu dahinter und von *sacer*: heilig oder verrucht.

302 Ex 19, 10, 20.

303 Ex 33, 20-23.

304 Ex 33, 20-23, »schließe deine Augen«.

305 Vgl. Epistel IX.

306 »Die unendliche Gottheit kennt nicht das Endliche als solches« (ουδε αυτη ιγνωσχει τα οντα η οντα εστιν) hierzu bemerkt Maximus der Bekenner (Migne Patrol Gr. IV, 430 B-C): lasse dich nicht verwirren, als ob dieser Mann mit solchen Bemerkungen ein Blasphem ausspräche (μη σε ταρασσετω). (*non te perturbet*) er wollte ja nur zeigen, dass Gott alles Seiende übersteigt – und so steht es ja auch schon in der Heiligen Schrift: »Niemand kann den Sohn erkennen, der nicht den Vater kennt – aber den Vater kann nur der Sohn erkennen« (Mt 11, 27).

Dionysius Areopagita
Die Engel-Hierarchie
Der Ursprung der christlichen Engel-Lehre

Vor rund fünfzehnhundert Jahren verfasst, zählt dieses Werk der geheimnisvollen Gestalt des „Dionysius Areopagita" zu den entscheidenden Quellenschriften der abendländischen Spiritualität.
Da sein Verfasser jahrhundertelang für den Paulus-Schüler Dionysius aus Athen gehalten wurde, besaßen seine Lehren nahezu kanonischen Charakter. Dies erklärt seine Wirkmächtigkeit durch die Zeiten.
Die gesamte abendländische Kunst, bis hin zum „Engel-Boom" der Gegenwart, wäre nicht denkbar ohne seine Ausführungen über die Engel.
Die christliche Theologie schöpfte ebenso aus ihm wie Rudolf Steiner. Bis zum heutigen Tag ist sein Wissen über Engel und Erzengel, über Cherubim und Seraphim einzigartig und zeitlos.
Der Grundstein, um das wundervolle Wirken der Engel und die Majestät der himmlischen Heerscharen zu verstehen!

ISBN: 978-3-86191-009-1